JN123422

文化の翻訳としての聖像画の変容

ヨーロッパ－中国－長崎

内田　慶市　編著

はじめに

内田慶市

本書は2019年6月15日（土）に東西学術研究所とKU-ORCAS（関西大学アジア・オープン・リサーチセンター）並びに北京外国語大学近代東西言語文化接触研究センターの共催で開かれた「東西文化の翻訳のかたち－聖像画の変容を中心に」国際ワークショップの論文集である。

当日の研究発表者及び発表題目は以下の通りである。（なお、所属は当時のもの）

第1部：総論（中国語・日本語）

内田慶市（関西大学）

文化の翻訳としての聖像画の変容：ヨーロッパ－中国－長崎

第2部：ド・ロ版画をめぐって（日本語）

内島美奈子（大浦天主堂キリシタン博物館）

九州におけるド・ロ版画の収蔵状況

白石恵理（国際日本文化研究センター）

ド・ロ版画にみる日本文化の受容と展開

郭南燕（大阪市立大学）

ド・ロ版画：ヨーロッパから上海～長崎への文化的融合

第3部：中国における聖像画（中国語）

董麗慧（北京大学）

『誦念珠規定』から『出像経解』

：ナダール『福音故事図像』と17世紀中国木版画挿絵書

李雪濤（北京外国語大学）

歴史上における聖像画の三度の中国化

総合討論

今回、論文集にまとめるに当たりそれぞれ稿を新たにしており、また、本分野に関わる研究を行っている中国青年出版社芸術センターの陸遥氏の論考も収録した。

こうした聖像画や東西文化翻訳に関する国際シンポジウムはこれまで余りなく、本書の出版がこうした研究の更なる発展のきっかけになればと願っている。

なお、本書は2018-2021年度日本学術振興会科学研究費補助金・基盤研究（C）「中国語版ドチリナ・キリシタンのデジタルアーカイブス化とその語学的研究」（課題番号18K00554）による研究成果の一部である。

目　次

文化の翻訳としての聖像画の変容：
ヨーロッパ－中国－長崎

内　田　慶　市

1　翻訳とは

「翻訳とは何か」ということについては、様々な考え方があるが、筆者は特に16世紀以降の「西学東漸」における言語文化接触研究に取り組む中で以下のような「翻訳観」を持っている。

「西学東漸」ではヨーロッパの多くの新しい事物がもたらされた。そして、この新しい事物が伝われば必ず「新しい言葉」が必要となる。ここに「翻訳とは何か」という問題が登場してくるが、新しい事物に対応する「彼の国のことば」に対して「此の国のことば」に置き換えることが、普通は「翻訳」と考えられている。すなわち、「Dog」に対して「犬」が、「God」に対し「神」がという具合である。

しかし、この場合、この２つの間のイコールとは一体何か。文字も発音も違うことは明らかであるが、しかし、我々はこの２つをイコールと見なしているのである。

これは実は「言語とは何か」ということ、つまり「言語観」と深く関係してくるのであるが、ここでは単に言語とはその言語を話す民族の「歴史」「文化」「思惟方法」を反映したものであるということだけを述べておく。こうした言語観に立つ時、翻訳とは単なる語彙の置き換えではなくなってくる。

たとえば、「内」と「外」は極めて簡単な語彙であり、日中でも同じ

「意味」を持つ。しかし、実際には微妙な違いが存在している。

日本の電車のホームには「黄色い線の内側でお待ち願います」という標識がどこでも見られるが、これを中国語でそのまま「请在黄线内等候」と「内」を使えば大変危険な状況が出現する。中国人にとってのこの時の「内側」は「線路側」になるのである。

「左右」も当たり前の意味であるが、それが実は相当たり前でもないのである。

古代中国では「左青龍、右白虎」という言い方がある。これは、四神（玄武・朱雀・白虎・青竜）の位置を示すものであるが、ここでの「左右」は実は今の私達が考えるような位置関係にはない。

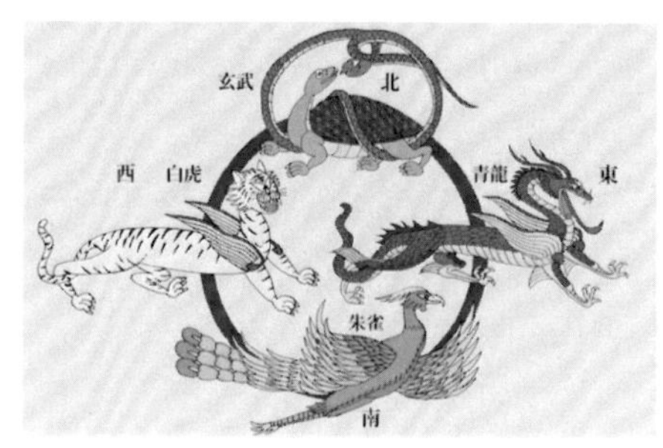

この位置関係は京都市の「左京区」「右京区」、あるいは京都御所紫宸殿の「左近の桜、右近の橘」でも同様である。「桜」は「向かって右」であり、「橘」は「向かって左」となるのである。

以下の「點石齋畫報」(1884-1898) に登場する「ロードス島の巨人像」でも東西では以下のような違いが見られる。

以上のように「翻訳」とは単なる語彙の置き換えではなく、その背景にある「文化」を反映するものであり、言葉の翻訳とは「文化の翻訳」に他ならないというのが筆者の基本的な考えである。

2 イエズス会――モリソン―ロバート・トームの翻訳観

Jerome Nadal (1507-1580)[1] による *Adnotationes et Meditationes in Evangelia* (福音書についての注解と瞑想, 聖教詮釋, 1594-1595) はイエスの一生を描いたものであり、アントワープで印刷されたものである。

1) Nadal には別に *Evangelicae Historiae Imaginesn* (福音書物語絵巻 ―― 通称エヴァンゲリア, 1593) もある。

(*Adnotationes et Meditationes in Evangelia*)

この本はその後、中国でも以下のような形で出版されている。

1. P. Giovanni da Rocha（羅儒望，1556-1623）『誦念珠規程』（1619?）[2]
2. Giulio Aleni（艾儒略，1582-1649）『天主降生出像經解』（1637）
3. Adam Schall（湯若望，1591-1666）『進呈書像』（1640）

誦念珠規程

師 你每日做甚麼了。不可以養得你亞尼瑪的生命。與保存得你愛 天主的德。

學 每日誦 天主聖母全念珠一串。并默想十五超性之事。包含吾 主耶穌一生的事體。

師 怎麼說全念珠一串。每串有幾分。

學 全念珠總該念一百五十遍亞物。十五遍在天。分做三分。每一分。念五十遍亞物。五遍在天誦首

念珠規程 一

（『誦念珠規程』）

2）本書はバチカン図書館（Barberini Orient 336-5）やフランス国立図書館（Chinois

天主降生出像經解引
粤昔　上主嘗頒示降生救世之旨於古
先知之聖故從古帝王大聖獲聆眞傳者
咸企望欲見而多未獲滿意也逮其果降
生于大秦顯無數靈蹟代人贖罪死復活
而升天普天下諸國得聞聖敎好音亦無
不願生同時以親睹聖容光輝也于是圖
畫聖像與其靈蹟時常寓目以稍慰其極

（『天主降生出像經解』）

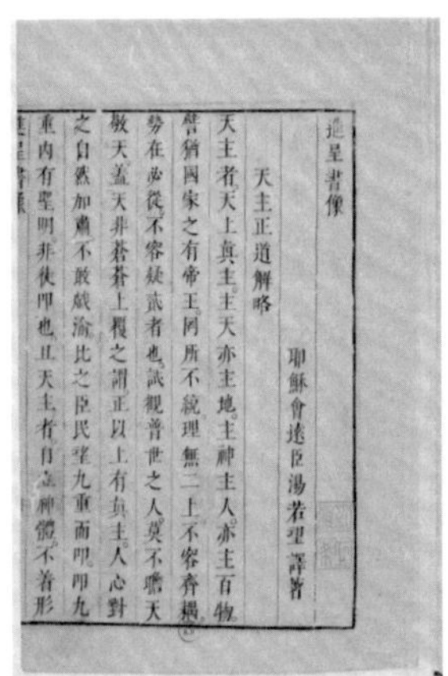

進呈書像
耶穌會遠臣湯若望譯著
天主正道解略
天主者天上與主主天亦主地主神主人亦主百物
譬猶國家之有帝王罔所不統理無二上不容齊揭
勢在必從不容疑貳者也試觀普世之人莫不尊天
敬天蓋天非蒼蒼上覆之謂正以上有與主人心對
之自然加尊不敢戲渝比之臣民望九重而仰仰九
重內有聖明非仰也且天主者自立神體不着形

（『進呈書像』）

この中国版聖像画の変遷・変容については[3]、P. Pasquale M. D'Elia（德禮賢）：*Le Origini dell'Arte Cristiana cinese*（キリスト教美術の起源）

6861）等に所蔵されているが、元々は同じ編者による『天主聖教啟蒙』と一体のものと考えられる。ただし、フランス国立図書館やローマ国立図書館には単刊のものも収められている。

3）本書には付録として、ローチャ及びアレニのものと原画との対照を載せておく。

(1583-1640), Reale Accademia d'Italia, Roma, 1939[4] で早くから指摘されてきたが、筆者はイエズス会の宣教方式である「適応主義」の具現化の例として、それはまさに中国文化への「同化」の道筋であり、イエズス会の翻訳観、すなわち「文化の翻訳」の一つの形であると考えている。

ただし、この翻訳観はイエズス会の専売特許ではなく、プロテスタントでも例えばロバート・モリソンもこの考え方に近いと言える。

モリソンは「英華字典」の序文において次のように述べている。

> The Student must not expect from this Work, the precise words to be employed in translation, but so much of the meaning of a word, as will furnish him with a clue to select a proper phrase. Nor must the Poetical meaning of words be expected to be given with precision; nor the whole of (he figurative meaning; nor the Classical allusions on occasions. These require more associated efforts more diversity of talent, and of pursuit, than have yet been applied by Europeans to the Chinese Language;（『英華字典』第一巻第二部序，VII）

すなわち、そもそも翻訳に正確な「等値」は期待できないという立場であり、それは相手方の文化に対する極めて謙虚な態度と言える。それは、「子曰、書不盡言、言不盡意。然則聖人之意、其不可見乎。」（易経・繫辞上伝）にも通ずるものである。

こうしたイエズス会の適応主義やモリソンの翻訳に対する謙虚な態度を更に進めたのがロバート・トーム（Robert Thom，羅伯聃，1807-

4）D'Eliaのこの書は内田慶市・柏木治編訳『東西文化の翻訳「聖像画」における中国同化のみちすじ』（関西大学出版部，2012）として日本語版が出ている。また、D'Eliaは『葡漢字典』（羅明堅，利瑪竇，Jan Sin I 198）の前に付された『賓主問答私擬』の発見者として、或いは『坤輿萬國全圖』のイタリア語訳者としても知られている。

1846）の『意拾喩言』（1840, Canton Press）である。

例えば、次の寓話はこの中国語だけを見れば明らかに中国の話である。「嫦娥」は中国人なら誰でも知っているあの月の神であり、文章の最後に付けられる教訓（「青山易改，品性難移」）も中国の慣用語である。

「愚夫痴愛」

昔有愚夫家畜一貓，視如珍寶，常祝於月里嫦娥曰，安得嫦娥將我家貓兒換去形骸，變一美人，是余之所願也。由是夜夜祈禱，嫦娥感其痴誠，姑將其貓暫變美人。愚夫見之，喜可知也。於是寵幸如夫妻焉，一夜同臥帳中，嫦娥以鼠放入房內，美人聞鼠氣，疾起而擒之。嫦娥責之曰，吾既托爾為人，自當遵行人事，何以復行獸性。遂復仍變為貓。如世人貪狡之徒，雖別暫行正道，一時財帛觸目，自然露出真形。俗雲，青山易改，品性難移，正此謂也。

しかし、Roger L'Estrange（1616–1704）の原文（Fables of Æsop and other eminent mythologists with morals and reflexions, 1692）はこうである。

A CAT AND VENUS

A young Fellow that was passionately in Love with a Cat made it his humble Suit to Venus to turn Puss into a Woman. The Transformation was wrought in the twinkling of an Eye, and out she comes, a very bucksome Lass. The doating Sot took her home to his Bed; and bad fair for a Litter of Kittens by her that Night: But as the loving Couple lay snugging together, a Toy took Venus in the Head, to try if the Cat had chang'd her Manners with her Shape; and so for Experiment, turn'd a Mouse loose into the Chamber. The Cat, upon this Temptation, started out of the Bed, and without any regard to the Marriage-Joys, made a leap at the Mouse, which Venus took for so high an

Affront, that she turn'd the Madam into a Puss again.

THE MORAL. The extravagant Transports of Love, and the wonderful Force of Nature, are unaccountable; the one carries us out of our selves, and the other brings us back again.

次の「阿弥陀仏」も実は「ヘラクレス」である。

「車夫求佛」

一日車夫將車輪陷於小坑、不能起、車夫求救於阿彌陀佛、佛果降臨問曰、你有何事相求、夫曰、我車落坑求佛力援救、佛曰、汝當肩扛其車、而鞭其馬、自然騰出此坑、若汝垂手而待、我亦無能為矣、汝世人急時求佛、亦當先盡其力乃可、任爾誦佛萬聲、不如自行勉力。

A Country-man and Hercules.

A Carter that had laid his Wagon falt in a Slough, stood Gapping and Bawling to as many of the Gods and Goddesses as he could Muster up, and to Hercules especially, to help him out of the Mire. Why ye Lazy Puppy you, says Hercules, lay your Shoulder to the Wheel, and Prick your Oxen first, and Then's your Time to Pray. Are the Gods to do your Drudgery, d'ye think, and you lie Bellowing with your Finger in your Mouth?

他にも、以下のように「枕」は明らかに中国を舞台としているし、教訓も同様に中国の故事を引いている。

盤古初，鳥獸皆能言，一日豺與羊同澗飲水……（01[5] 豺烹羊）

山海經載，獅子與人熊同爭一小羊，……（03 獅熊爭食）

神農間有豺食物，……（07 豺求白鶴）

羅浮山下蘭若幽棲小犬守於門外，……（12 狼受犬騙）

5）数字は『意拾喩言』の寓話の番号。

禹疏九河之時，凡鳥獸魚鱉紛紛逃匿，適兔與龜同行，……（16 龜兔）
摩星嶺上有古樹，其頂則為鷹巢，……（22 鷹貓豬同居）
靈台上馬鹿同游，……（23 馬恩報鹿仇）
虞舜間天下太平，春間花木茂盛，人熊游於郊外，……（24 蜂針人熊）
峨嵋山下有故園，中有花匠種植樹木調理花草，甚屬整齊，
……（25 獵戶逐兔）
昔大禹治水，泗淮騰湧，……（30 瓦鐵缸同行）
齊人有一妻一妾而處室者，其妻老而妾少，……（36 齊人妻妾）
大禹末治水之先，飛禽走獸兩不相合，……（59 鳥誤靠魚）

欲加之罪、不患無辭（豺烹羊）……左傳
漁人得利（獅熊爭食）……戰國策
驕兵必敗（龜兔）……漢書
無君子莫治野人、無野人莫養君子（四肢反叛）……孟子
論語雲、小不忍則亂大謀、其信然矣。（蜂針人熊）……論語
孟子雲、矢人惟恐不傷、函人惟恐傷人、又何怪乎。（洗染布各業）
……孟子

このようにトームの漢訳イソップは全篇にわたり「中国化」がなされた、まさに「中国人の衣装を身に纏ったイソップ」[6]であるが、それはイエズス会――モリソンという流れの中の「昇華」とでも言うべきものである。

6）これについては、*Chinese Repository* でも以下のように言われている。
The fables before us, now for the first time in a Chinese costume, have been selected from sir Roger L'Estrange's collection,（vol.VII, Oct. 1838, 335p）
A portion of these fables has recently appeared in a Chinese dress, and has been well received;（vol.VII, Dec. 1838, 403p）

3　さまざまな聖像画の本土化

さて、その後、中国では様々な聖像画の本土化が行われている。

例えば、「金陵天主堂蔵板」とある『救世主預像全圖』（1869，徐家匯蔵書楼）、『救世主實行全圖』（1869，フランス国立図書館蔵）がある[7)]。

郭 2019 によれば、表紙にある「主教亞弟盎郎」とは江南代教区の司教であるアドリアン・ランギアであり、彼の許可を得て上海で布教していたフランス人宣教師のヴァスールが著したものである。また、「金陵天主堂蔵板」とはあるが、実際には、徐家匯の土山湾慈母堂で印刷されたものである。

この土山湾慈母堂からは、また『道原精萃』（上海慈母堂，1887）[8)] といったものも出版されている。

7）これに関しては郭南燕編『ド・ロ版画の旅 ── ヨーロッパから上海～長崎への多文化的融合』（2019，創樹社美術出版）に詳しい。

8）本書は早稲田大学図書館やバチカン図書館に所蔵されている（Vatican Raccolta Generale-Oriente-II, 164. 1886-87，徐家匯重印本，11 巻）が、長崎純心大学長崎学研究所から『道原精萃图』（全三冊，2002）として影印本も出版されている。

他にも、『救主行實圖解』（1935，寧夏）、『問答像解』（発行年不詳，天津普愛堂）等がある。

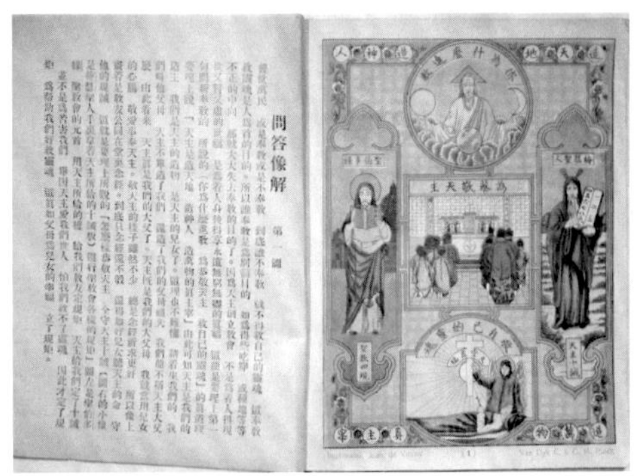

また、筆者の手元には『The Life of Christ by Chinese Artists（我主聖傳圖 華畫師描）』（1939, The Society for the propagation of the Gospel）なる本があるが、ここまでくるとすでに聖像画は「山水画」に完全に変容している。

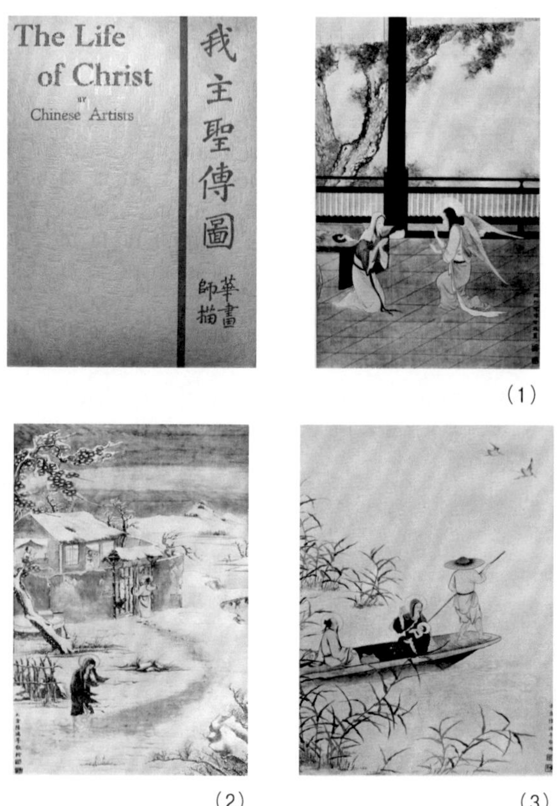

(1)

(2)　(3)

これらの絵に共通するのは、すべてに「木」が描かれているということである[9]。また、(2) はまるで『孟母三遷』を彷彿させるものであるし、(3) では葦の生えた河を笠をかぶった船頭が渡る姿であるが、これが出エジプトとは誰も想像できないだろう。

9）このことについて、本書の説明には次のようにある。
Nearly every picture includes a tree, very often the bamboo so characteristic of China, and those which have no tree are noticeably more Western in design.（デザイン的には、木がないのがより西洋的なものであるが、ほとんど全ての絵には木が含まれており、中国独特の竹もまれに見える）

こうした中国人の手になるものは『中國公教美術（Ars Sacra Pekinensis）』（1950）としてもまとめられている。

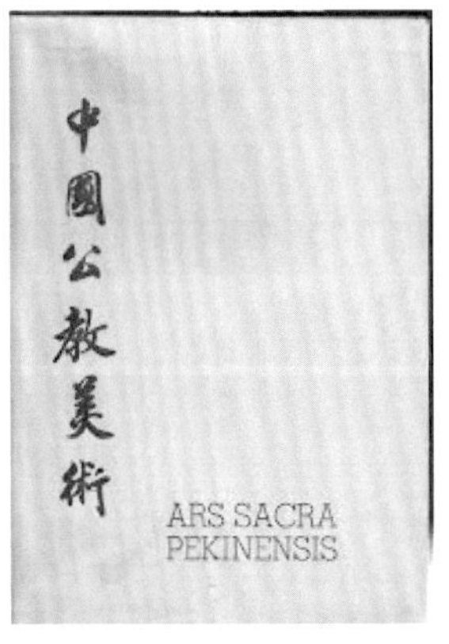

以下の利瑪竇中西文化歴史研究所にあるものも同じようなものである。

現代でも『图说圣经故事』（2007）といったものも出版されている。

ところで、聖像画ではないが、キリストの生涯を寓意したジョン・バンヤン（John Bunyan）の『天路歴程（*The Pilgrim's Progress*）』（1678,

1684）はその最初の漢訳がミュアヘッド（Muirhead, 慕維廉, 1822-1900）によって『行客經歷傳』（上海, 1851）と題されて出版された。その後、William C. Burns により『天路歴程』（1853）に名付けられ、官話本や粤語本『天路歴程土話』（1871）等が出版されている。その挿絵も今回見てきた聖像画と同様な「本土化」の現象を見ることができる。以下に示したように、ここに描かれているキリストやモーゼは明らかに中国人である。

なお、『人靈戰紀』（慕維廉 1884）『人靈戰紀土話』（容懿美 1887）も同じくバンヤンの「天路歴程」の漢訳であるが、その挿絵でも同様である。

以上述べてきたように、イエズス会、モリソン、ロバート・トームの翻訳に対する基本的な態度は相手方の文化を尊重するというもので、これは異文化接触、異文化理解、異文化受容の一つあり方を示したものであり、現代的な意義もそこにはあると筆者は考えている。

日本におけるイエズス会の場合も同様であり、例えば、本書で触れられるはずの、長崎のド・ロ版画もこの流れの中にあると言ってよい。いずれにせよ、聖像画の東アジアへの伝播と受容は「文化の翻訳」の典型的な事例としてもっと注目されてよい問題である。

ド・ロ版画と関連資料
――大浦天主堂キリシタン博物館収蔵資料の調査報告とその考察

内　島　美奈子

本稿の内容

2018年4月、日本に現存する最古のカトリック教会である大浦天主堂の境内に大浦天主堂キリシタン博物館が設置された。博物館の設置者はカトリック長崎大司教区であり、その運営はNPO法人世界遺産長崎チャーチトラストに任されている。博物館では、長崎大司教区が収蔵するおよそ1,000点の資料の整理作業を進めている。それらの資料にはパリ外国宣教会の布教活動の時代のものがあり、そのなかにド・ロ版画が含まれている。同地で布教のために制作された聖画であるド・ロ版画は、大浦天主堂が布教の拠点であったことを物語る貴重な資料といえる。これまで長崎大司教区が収蔵するド・ロ版画や版木に関しては断片的に取り上げられてきたが、今回博物館が設置されたことによってその全体像を把握することができるようになった。現在博物館では、収蔵状況などの基礎研究をふまえ、関連資料をふくめた整理と調査研究に取り組んでいる。本稿はその進捗状況について報告するものであり、2019年6月に開催された関西大学での研究例会における口頭発表にもとづくものである。前半ではド・ロ版画、後半ではド・ロ版画に関連する資料についてまとめ、最後にこれからの研究の課題と展望を記したい。

1　大浦天主堂キリシタン博物館収蔵のド・ロ版画研究調査――博物館設置から現在まで

2020年3月で博物館が開設されて2年となる。その間、筆者はド・ロ版画について報告する機会をいただき、その時点での調査の進捗状況を報告してきた。本稿はそのなかの2019年6月に関西大学で行った口頭発表にもとづく報告ではあるが、ここでは2020年3月時点の調査状況をふくめてまとめておく[1)]。

大浦天主堂キリシタン博物館は、文化財指定を受ける旧羅典神学校（重要文化財）と旧長崎大司教館（長崎県有形文化財）の2つの建物を展示室として活用している（図1、2、3）。それらは2018年6月末に登録された世界文化遺産「長崎と天草地方の潜伏キリシタン関連遺産」の構成資産ともなっており、潜伏キリシタン時代が終焉を迎えた場所として注目を集めることになった[2)]。日本のカトリック教会の歴史を展示テーマとする当館にとって、展示の場所自体もその歴史を物語る貴重な博物館資料となっている。旧羅典神学校は1875年に大浦天主堂の西側に日本人神

1）2019年6月15日に開催された、KU-ORCAS北京外国語大学近代東西言語文化接触研究センター国際ワークショップ・東西学術研究所第2回研究例会（言語交渉研究班）「東西文化の翻訳のかたち――聖画像の変容を中心に」において、「九州におけるド・ロ版画の収蔵状況」と題して発表を行った。

2）本世界遺産は「17世紀から19世紀の2世紀以上にわたるキリスト教禁教政策の下で、ひそかに信仰を伝えた人々の歴史を物語る他に例を見ない証拠」であり、長崎と天草地方の潜伏キリシタンが「潜伏」したきっかけや、信仰の実践と共同体の維持のためにひそかに行った様々な試み、そして宣教師との接触により転機を迎え、「潜伏」が終わりを迎える」までを12の構成資産に表してるという。12資産は以下のとおりである。①原城跡　②平戸の聖地と集落（春日集落と安満岳）　③平戸の聖地と集落（中江ノ島）　④天草の﨑津集落　⑤外海の出津集落　⑥外海の大野集落　⑦黒島の集落　⑧野崎島の集落跡　⑨頭ヶ島の集落　⑩久賀島の集落　⑪奈留島の江上集落（江上天主堂とその周辺）　⑫大浦天主堂　長崎県世界遺産課「世界文化遺産　長崎と天草地方の潜伏キリシタン関連遺産」［http://kirishitan.jp/］〈最終検索日：2020年3月12日〉。

父を養成するための神学校として建設された。設計を手掛けたのは、パリ外国宣教会の宣教師であるマルク・マリー・ド・ロ神父（Marc Marie de Rotz, 1840–1914）であり、本研究のテーマであるド・ロ版画を制作した人物である（図4）。ド・ロは印刷事業の担当者として長崎に赴任し、教理書などを石版印刷術で印刷して信徒に配布した。その印刷事業の一環として制作されたのが、キリスト教の主題を表した大判木版画であり、神父の名を冠して「ド・ロ版画」と呼ばれているものである。版画が印刷された場所もこの神学校であると推測されている[3)]。博物館のもうひとつの建物である旧長崎大司教館は1915年に建設された2代目の司祭館で、こちらもド・ロの設計によるものである。博物館として開館する前にはその一角で長崎大司教区が収蔵する様々な資料が保管されていた。博物館の開館にあたって改修工事を行うため、それらの資料は一旦カトリックセンター（長崎市上野町）に移され、博物館の開館後、大浦天主堂境内に整備された収蔵庫への移管が進められている。現時点で2回（2018年4月・2019年5月）の移管作業を実施しており、2020年4から5月にかけて3回目を実施する予定である。

そうした移管・整理作業を進めるなか、ド・ロ版画についての報告の機会をいただいたのが、郭南燕（当時国際日本文化研究センター教授）によるプロジェクトの一環である、『ド・ロ版画の旅』（2019年3月、創樹社美術出版）への寄稿と国際シンポジウムにおける口頭発表である[4)]。これは第1回目に実施した移管作業で収蔵庫に移した資料の整理作業に

3）片岡弥吉『ある明治の福祉像 —— ド・ロ神父の生涯』日本放送出版協会、1977年、66頁。

4）2019年3月15日に上智大学において開催された国際シンポジウム「宣教師の日本語文学・漢文学とド・ロ版画 —— キリスト教がもたらした多文化的融合」（主催：大学共同利用機関法人 人間文化研究機構 広領域連携型基幹研究プロジェクト「異分野融合による「総合書物学」の構築」）において、「九州におけるド・ロ版画の収蔵状況」と題して発表を行った。本発表は『ド・ロ版画の旅』に寄稿した論考の内容である。

左　図1　大浦天主堂に隣接する旧羅典神学校と旧長崎大司教館
右　図2　旧羅典神学校の南側（1階に博物館入り口がある）

取り組んでいた時期の報告であった。その後、第2回目の移管作業で発見されたド・ロ版画に関連する資料について、2019年6月の口頭発表でその報告を行った。また、2019年度より当館が収蔵するド・ロ版画の修復事業「2019年～2024年度大浦天主堂収蔵ド・ロ版画及び版木の調査研究・保存修復事業」をスタートさせた[5)]。修復事業に取り組むにあたり、東北芸術工科大学・文化財保存修復研究センターに協力いただき調査を実施している。2019年8月と2020年1月に実施した調査の際に、ド・

左　図3　旧大司教館の正面（2階に博物館の入り口がある）
右　図4　20代のド・ロ神父

5）事業は4期にわけて実施し、8本のド・ロ版画を修復する予定である。

ロ版画の表装等に関してさまざまなご指摘をいただいた。この点についてド・ロ版画研究の新しい視点として簡単にまとめたい。

1－1　ド・ロ版画の収蔵状況

当館はド・ロ版画の10種の版木のすべてと版画23点を保管している（図5、6）（表1）。版木は制作されて以降大浦天主堂境内で保管され、版画は布教先であった長崎大司教区管轄の各地の教会から教区本部に移管されたものと推測される。そのほとんどには収蔵経緯に関する記録が残されていないが、そのうち数点は特定の教会から移管されてきたことが明らとなっている。長崎の教区本部に移管することなく、布教活動に使用された地域に保管されている例は五島や天草にある[6)]。

当館以外の施設の収蔵状況については、64点ほどの現存が確認されている[7)]。これらのド・ロ版画のすべてが布教活動に使用されていたという

左　図5《ド・ロ版木　善人の最期》（大浦天主堂キリシタン博物館）
右　図6《ド・ロ版画　善人の最期》（大浦天主堂キリシタン博物館）

6）収蔵状況については拙論「九州におけるド・ロ版画の収蔵状況」『ド・ロ版画の旅』（2019年3月、創樹社美術出版）を参照していただきたい。
7）同書、160-163頁。本書刊行当時、全体で87点が確認されるが、その後もド・ロ

わけではなく、布教期以降も摺られて出回っていたようである。昭和時代には永見徳太郎が長崎版画のひとつとしてド・ロ版画に注目し、教会から許可を得て版画を摺り、希望者にわけたことが知られている[8)]。版木が現存していることから、その後にも摺られた可能性がある。したがって、現存するド・ロ版画のうち、布教期のものとそれ以降のものを区別し、布教画としてのド・ロ版画と美術品としてのド・ロ版画のそれぞれの伝播と受容を把握することが必要である。ド・ロ版画が残されている地域は潜伏キリシタンがいた地域である例が多く、その点については大浦天主堂が潜伏キリシタンであった人々への布教の中心地であったことが関係していると推測される。現存するド・ロ版画において制作・活用年代の調査は、ド・ロ版画の役割を考えるうえで今後の大きな課題のひとつといえる。その際の判断材料となるのが、使用されている紙や表装に関する情報であると思われる。その点について、新資料の報告とともに次にまとめる。

（表1）大浦天主堂キリシタン博物館主題別収蔵数

主題	墨摺	墨摺彩色	合計
イエスの聖心	2	1	3
聖母子	1	4	5
聖ヨセフと幼子イエス	1	1	2
聖ペテロ	4	0	4
聖パウロ	1	0	1
悪人の最期	1	1	2
地獄図	1	1	2
復活と公審判	1	1	2
煉獄の霊魂の救い	0	0	0
善人の最期	1	1	2
合計数	13	10	23

版画の現存情報を得ており、未調査ではあるものの、100点あまりが現存していると思われる。

8）片岡、前掲書、63-64頁。永見がド・ロ版画についてまとめた報告書がある。「長崎版画　切支丹絵の報告」『浮世絵界』3巻、3号、1938年、5-13頁。永見の人物像については以下を参照。新名規明『永見徳太郎』長崎文献社、2019年。

1-2　表装と制作年代の考察――新資料の発見

現存するド・ロ版画において制作年代にばらつきがあることはこれまでも指摘されてきた。古色を帯びたものの多くには彩色があり、その保存状態からも墨摺りのままのものと比べるとその制作年代は下るであろうことを推測させる。並べて比較してみるとその違いは明らかではあるが、これまで明確な判断基準がなかった。そのようななか、最初期のド・ロ版画を特定できる可能性が出てきている。古色を帯びた一部のド・ロ版画の表装には共通した独自の特徴があり、それらがド・ロの仕事であることを示す可能性がある[9)]。

古色を帯びたド・ロ版画の表装は、杉山によれば、一見すると明朝仕立ての掛軸であるようだが、その構造は大きく異なるという[10)]。まず、通常のものよりもかなり大きな表木（発装）と軸木が目に付き、表木は額縁のような形をしている。表木・軸木はともに裂に覆われておらず、裂を挟みこんで木地を見せる仕様になっており、日本の伝統的な掛軸には例がないという。また、本紙と装飾裂はともに肌裏打ちがなく、何かしらの接着剤が用いられて布に貼り付けられている。本紙表面にはニスのようなものが塗布されている。これらの点は西洋の絵画技法をうかがわせる。現時点で指摘されるこれらの特徴は日本の表具師の仕事ではないことを示している。杉山によれば、制作者は日本の表具のやり方を知らないものの、独自のやり方を用いてかなり巧妙に掛軸のかたちに仕上げ

9）この点について、第1回調査［2019年8月5日　柿田喜則氏（古典彫刻修復）・杉山恵介氏（東洋絵画修復）］、第2回調査［2020年1月27日・28日・29日　杉山恵介氏・元喜載氏（東洋絵画修復）］において重要なご指摘を多数いただいた。表装の独自の特徴については、2019年8月の調査をもとに当館に提出いただいた杉山恵助による『調査報告書大浦天主堂キリシタン博物館所蔵「ド・ロ版画」』（東北芸術工科大学文化財保存修復研究センター、2019年）を参照している。

10）明朝仕立てとは表具の左右に明朝と呼ばれる細い縁をつけた形式をいう。東京藝術大学大学院文化財保存学日本画研究室編『図解日本画用語辞典』東京美術、2007年、127頁。

ているという。ド・ロ版画制作の担当者であるド・ロは、建築の設計を手掛け、大工道具を自ら制作しており、その多才さを考慮するとド・ロ自身の考案である可能性は非常に高いであろう。このことは、このタイプの表装をもつド・ロ版画が外海赴任までの1879年以前に制作された可能性を示唆する。ただし、ド・ロが不在となった以降にも技術を継承して制作された可能性は残るだろう。この表装の仕方を通常の掛軸表装と区別して「融合型掛軸装」と称しておくが、このタイプは当館収蔵の23点のうち、8点にみられるものである。他機関収蔵のド・ロ版画では修復の際に独自の表装が失われている例もあり、表装の調査は急を要する課題である。当館では2020年度秋頃からド・ロ版画の解体修理を行う予定であり、その構造がより明らかになることを期待している。

第2回目の移管作業によって表装に関する重要な資料が発見された。それは、本紙が欠落した古巣のド・ロ版画である[11]（図7）。顔料の跡が布に移っており、その主題は《復活と公審判》であることがわかる。こ

左　図7　2019年5月の移管作業で発見した、本紙が欠落したド・ロ版画（大浦天主堂キリシタン博物館）
右　図8　《復活と公審判》（大浦天主堂キリシタン博物館）

11）本紙が欠けているため、ド・ロ版画の収蔵数には含めていない。

れは表1のリストにある版画の古巣の表装であったと推測される（図8）。この2点の比較によって、上記に説明した表装の独自の特徴がよく理解できる。図8は彩色されており古さを感じさせるが、裂地が他の古いものとは異なっている。本紙の周囲には切り取られた跡があり、他の古いタイプのド・ロ版画の本紙が柱や中廻し部分に1〜3センチほどの重なりが見られるが、本資料にはそれがない[12)]。これは本紙を切り取って移したものであることを示唆している。杉山の推測では移された表装においても非常に古い表装がなされており、移された時期も昭和時代より以前である可能性があるという。古巣の表装は「融合型掛軸装」であることから、「融合型掛軸装」がド・ロ版画のなかでも古いタイプのものであることを示している。さらに、「融合型掛軸装」の表木と軸木が数本見つかっており、当館が収蔵する表木や軸木が欠落している「融合型掛軸装」のド・ロ版画に使用されていたものと考えられる。以上が現在の調査の状況である。

2　ド・ロ版画関連資料

ド・ロ版画はド・ロによる完全な創作ではなく、その模範となったものがある。それは中国で活動したフランス人イエズス会士ヴァスール神父の作品である。ヴァスールによる中国製の大判木版画などが長崎に現存しており、主題が共通することや図像が酷似していることからもその関係性は明らかである。ヴァスールの例もふくめ、聖画を活用した布教活動は古くからカトリック教会が取り組んでいたことであり、ド・ロ版画はその一連の流れのなかにあるといえる[13)]。よって、イエズス会とパリ

12）この点も杉山氏からご指摘いただいた。通常の日本の表装に見られない点であるという。

13）この点について原聖（青山学院大学客員教授）による一連の研究がある。「キリス

外国宣教会の関係や布教方針などをふまえてド・ロ版画をみていくことで、キリスト教美術のなかに位置づけることが可能となるであろう。この点については今後の課題であり、ここではヴァスールによる作品について現時点での調査の状況をまとめたい。

2-1　中国イエズス会とパリ外国宣教会

日本が代牧区となった1846年から1850年まで教区長官は香港に置かれており、中国の都市は日本の布教の重要な拠点となっていたといえる。宣教師たちが中国の地に赴く機会は多かったと推測され、浦上四番崩れが起こった際に日本人神学生を国外避難させたが、その行先は上海、香港、そしてペナンであった。中国は日本が禁教時代に入った後もイエズス会等による布教が続けられ、さまざまな成果物を生み出していた。その成果物は再開された日本の布教活動に活用されている。長崎の神学校や伝道師学校ではかつて漢籍が教科書として使用されており、その一部が当館に収蔵されている[14)]。また、当館では大浦天主堂で使用された祭具や祭服を収蔵しており、そのなかに中国製の祭具がふくまれている。祭具は専用のケースに入れて保管されているが、そのひとつに制作地を記したラベルが付されているものがある（図9、10）。

ラベルの文字には中国語とフランス語が並記され、土山湾工房の金工

ト教絵解き宣教師たちを追って」『ふらんぼー』22号、1995年、97-107頁。「ド・ロ神父の絵解き」『女子美術大学紀要』26号、1996年、71-93頁。「日本に入ったキリスト教絵解き」『アジア遊学　キリシタン文化と日欧交流』127号、2009年、189-205頁など。

14) 当館が収蔵する漢籍は、以下の3点のみである。イエズス会士アルフォンソ・ヴォニョーニ（中国名：高一志）が1626年に刊行した『教要解略　上下巻』（1869年）の2点、イエズス会士マテオ・リッチ（中国名：利瑪竇）が1603年に刊行した『天主実義』（1868年）の1点である。そのなかには日本南緯代牧区時代（1876-91）のペテロ深堀神父の印がある。神学校と伝道師学校旧蔵の漢籍は長崎大司教区図書室、長崎歴史文化博物館、九州大学付属図書館などに収蔵されている。

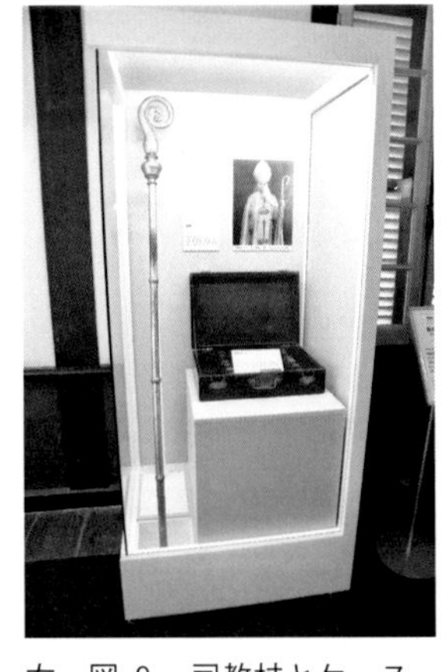

左　図 9　司教杖とケース
（2020 年 3 月より旧羅典神学校「開国と再布教期のはじまり」展示室にて展示中）
右　図 10　司教杖ケースのラベル

部門で制作されたものであることが記されている。この司教杖がいつ制作され、長崎にもたされたのかは明らかではないが、プティジャン神父が日本の司教に叙階された 1866 年以降のことだと推測される。その他に古い祭具は 10 点ほどあるが、それらには土山湾の工房制作を示すラベルはない。しかし、ケースの仕様が類似しているものがその中に数点あり、さらなる調査は必要であるが、土山湾の工房によるものである可能性がある。

2-2　長崎におけるヴァスール作品

アドルフ・ヴァスール（Adolphe Vasseur, 1828-1899）は中国で布教活動に従事し、聖画の制作を手掛けた[15)]。1865 年に中国の南京に渡り、

15）ヴァスール神父については主に以下を参照。郭南燕編『ド・ロ版画の旅ヨーロッパから上海～長崎への多文化的融合』創樹社美術出版、2019 年、61-64、92-94 頁。原、前掲書、1995 年、102-104 頁。

1870年には聖画工房となる土山湾孤児院に赴任し6年間活動して150種もの図像を制作したという。ド・ロがヴァスールの聖画を参考としていることは、長崎にヴァスールの版画作品が多数残されていることから明らかである。また、ド・ロ版画という名称が定着する以前には、ド・ロの仕事であることが忘れ去られ、ヴァスールによる作品と記されてもいる[16)]。こうしたヴァスールの版画は、中国で制作されたキリスト教関係の書籍や祭具などとともに長崎に持ち込まれたと推測される。現在ではド・ロの祭服、医療・農耕に関する書籍、機器類とともにお告げのマリア修道会に保管され、その一部はド・ロ神父記念館（長崎市西出津町）で展示されている。同修道会はド・ロが1879年に創設した出津修道院が母体のひとつとなっており、ド・ロの遺品を代々保管してきたと推測される。片岡は、お告げのマリア修道会が収蔵する資料のなかに中国語で主題名が記されているキリスト教の教義を表した木版画を確認しており、その版画のなかにド・ロ版画と同一の主題「煉獄」があることを指摘している[17)]。また、『出津教会誌』によれば「清国版画は白黒で25枚」が保存されていると伝えている[18)]。これらの中国製版画は主にヴァスールの原画にもとづくものと推測される。ヴァスールがこれまで制作した聖画のリストが1884年にフランスで刊行された『中国雑録』に掲載されており、そのなかに同じ構図のものを見つけることができる[19)]。

---

16) 1961年に刊行された『キリシタンの美術』（千澤楨治・西村貞・内山善一 編、宝文館）では、ド・ロ版画《善人の最期》の画像が掲載され、ヴァスール神父の作品であることが次のとおり指摘されている。「原画は856(ママ)年（安政3年）頃、上海でバサール師（A. Vasseur S. T.）によって描かれた木版画、明治七年（1874）頃日本風俗にかき直されて長崎辺で教会掛図として布教説明に用いられた。」（2頁）その3年後に刊行された『キリシタン遺物の研究』（竹村覚、開文社）では誤りのあった西暦が修正されているが、ほぼ同様の記述が繰り返されている。

17) 片岡、前掲書、63-67頁。

18) 出津カトリック教会『出津教会誌』、1983年、87頁。中国製の木版画がお告げのマリア修道会に所蔵されていることは、2018年の郭氏の調査によって確認された。（郭、前掲書、41頁。）

19) Adolphe Vasseur, *Mélanges sur la Chine, par le P. Vasseur,... 1er volume.*

その他、フランスで制作されたヴァスールによる石版画も長崎の地に多数残されている。ヴァスールが制作した原画は、中国では木版印刷術で印刷され、フランスでは石版印刷術で印刷され頒布された。『中国雑録』に掲載されるものと同じ図像をもつ石版画が長崎各地の教会に現存しており、当館にも複数保管されている（図11、12）[20]。『ド・ロ版画の旅』のなかでそのリストを載せているが、その後の第2回目の移管作業でさらに1点が見つかった[21]。フランス製石版画はヴァスールがフランスに帰国してからの制作であり、ド・ロ版画に直接的な影響はないものの、ド・ロ版画の活用時期を考察するうえで重要な資料である。

左　図11　『中国雑録』109頁
右　図12　《無原罪の御宿りの聖母》（大浦天主堂キリシタン博物館収蔵）

Lettres Illustrées Sur Une École Chinoise De Saint-Luc, Auxiliaire De La Propagation De La Foi. [Album De L'Oeuvre Des Images Destinées Aux Missions Et À La Propagande Religieuse.], Paris-Auteuil, Impr. des orphelins-apprentis, 1884.

20）2018年に郭氏のご指摘により明らかになった。

21）拙論、前掲書、153頁。第2回目に移管したものをあわせると、当館収蔵のヴァスールの石版画は合計7点となる。

3　今後の研究課題と展望

先述したとおり、現在当館が収蔵する最初期のド・ロ版画の修復事業が始まっている。今後「融合型表装」の構造を明らかにすることで、ド・ロが担当者であった時代に制作されたド・ロ版画の特徴を明らかにし、ド・ロ版画の制作年代のひとつの基準を提示したい。そして、布教時期に制作されたド・ロ版画の分布状況を把握することで、ド・ロ版画がどのような地域で使用されていたのか、その活用実態に迫っていきたい。その活用の下限を考察するにあたって、ヴァスールのフランス製石版画の現存状況を調査することが次の課題である。ド・ロ版画は類似した作品を生み出していないが、それはヨーロッパから安価で多様な石版印刷の布教画を輸入することができるようになったからだと推測する。その聖画はド・ロ版画の参考となったヴァスールの作品であり、パリ外国宣教会にとって活用しやすいものであったのではないだろうか。これらのことは、近代フランスにおけるカトリック教会の状況や同地における布教画制作の状況にも多く関わってくることだろう。そうした状況と関連づけることにより、ド・ロ版画が生み出され、受容され、忘却されていった背景を知ることができると思われる。

これからの大浦天主堂キリシタン博物館では、予定している移管・整理作業や修復事業などを通じてド・ロ版画に関する新しい情報を発信することに努めていきたい。

「ド・ロ版画」にみる日本文化の受容と展開

白　石　恵　理

はじめに

日本でのカトリックによる布教にあたっては早くから視覚教材が重視され、他のアジア諸国同様、土着の風土・文化に対する適応主義が取られたのは、周知の事実である。この方針は幕末から明治に至り、イエズス会からパリ外国宣教会へと活動母体の移行後も引き継がれ、長崎で制作された聖画や教理書には、ヨーロッパや中国で刊行された原典とは異なる日本独自の表現やモチーフが多数見られる。

本稿では、パリ外国宣教会のマルク・マリー・ド・ロ神父が制作主導した大木版画（通称「ド・ロ版画」）10種のうち“四終”（死、最後の審判、地獄、天国）に関する絵解きに使用された5種と、参考として、それに先立つ石版印刷物のなかから、各丁に装飾文様が施された『弥撒拝礼式』と『玫瑰花冠記録』を取り上げる。典拠となった中国の版画などと比較しながら、図像や文様の解析を行い、日本で宣教するにあたって独自に考案された表象上の工夫と特色を明らかにすることを目的とする。各図様に込められたメッセージを読み解くことにより、文明開化期の長崎で展開された東西の文化交流の知られざる一面を見出すことができるのではないかと考えた。

1 「ド・ロ版画」における日本・長崎の表象

現在、「ド・ロ版画」10種の全版木は大浦天主堂キリシタン博物館（長崎市）に所蔵され、墨摺と墨摺筆彩を合わせた版画約90点が、長崎・熊本・福岡など九州地方を中心に散在する[1)]。「ド・ロ版画」のうち5種は「イエスの聖心」「聖母子」など展示装飾用の聖人像であり、残る5種が、カトリックの教え"四終"を伝えるために制作された絵解き版画である。

ド・ロ神父がこれらの版画構想にあたって手本としたのは、1860年代にフランス人のイエズス会士であったA・ヴァスール師（1828-99）が、上海市西南部の徐家匯（じょかわい）にある土山湾孤児院において制作した一連の木版画だった[2)]。中世ヨーロッパのキリシタン版画の伝統に中国の文化的要素を盛り込んだヴァスールの絵は教皇や大司教にも認められ、中国国内はもとより、インド、日本、フィリピン、アメリカ等、世界各地の宣教の手本として普及していたという。ド・ロ神父が生前所持していた絵画資料を一括管理する長崎市お告げのマリア修道会で2018年に作品調査を行ったところ、中国からの輸入版画が多数出現し、その中にはやはりヴァスール師によると思われる版画も複数認められた。

では、手本としたヴァスールの版画（以下、「中国版」）と比較したときに、「ド・ロ版画」には、どのような特色が見られるのか。ここでは紙幅の都合上、5種の図像（〈悪人の最期〉〈地獄〉〈復活と公審判〉〈煉獄の霊魂の救い〉〈善人の最期〉）について解読した要点のみを記す。詳細については、郭南燕編著『ド・ロ版画の旅　ヨーロッパから上海～長崎

1）詳細については、「ド・ロ版画／版木所蔵一覧」（作成）石上阿希・内島美奈子・白石恵理（郭南燕編著『ド・ロ版画の旅　ヨーロッパから上海～長崎への多文化的融合』［創樹社美術出版、2019年］所収）、ならびに本書の内島論文を参照のこと。
2）郭南燕編著『ド・ロ版画の旅　ヨーロッパから上海～長崎への多文化的融合』を参照のこと。

への多文化的融合』（創樹社美術出版、2019年）所収の拙稿「第4章 ド・ロ版画にみる日本イメージの受容と展開」を参照願いたい。

底本としたのは、長崎・熊本県下を中心に散在する類品のなかでも彩色に古風をとどめ、5点が状態良く揃った熊本県・天草市にある大江天主堂所蔵の墨摺筆彩画（各縦128×横63センチ）である。ド・ロ神父が、同じパリ外国宣教会から派遣されていた大江教会のガルニエ神父に贈ったものといわれ、おそらく、大浦天主堂で最初に同種の版画が制作された明治8年～10年頃と同時か、そう離れていない時期に制作されたものと推定される。

1-1 煉獄の霊魂の救い

〈煉獄の霊魂の救い〉［図1］は、5種のうちではかなり原典［図2］か

［図1］ド・ロ版画〈煉獄の霊魂の救い〉大江天主堂蔵

［図2］〈煉罪之所善功可贖〉『聖教聖像全図』（1869年）

ら離れ、日本オリジナルの要素を多く持つ作品である。地下の煉獄図は、三人の天使がかざす聖杯からキリストの血を拝領しようと腕を伸ばす人々の服装や髪形が、日本の着物や髷姿に変更されている程度だが、問題はその上層界である。まず、天上を見ると、中国版では聖母子と天使らが中国人と思われる人物とともに光背を受けて明るい輝きをもって描かれている。それに対しド・ロ版では、左右に太陽と月を配し、十字架に磔にされたイエスと、その周りで祈る聖母マリアほか二人の聖人が、阿弥陀来迎図などに見られる雲珠文を背景に圧倒的な存在感で浮かび上がる。西洋人神父によって野外ミサが執り行われている地上界もまた、日本独自の大幅な描き換えが施されている。聖壇の左右には中国版の棕櫚(しゅろ)に代わり、枝ぶりのよい松が描かれ、背景の小高い山は、キリストを出現させる舞台装置のようにそびえ立つ。日輪・月輪と山が結合した図柄は、17世紀以降に熊野比丘尼が全国を巡って広く絵解きした地獄極楽図の一つである「熊野観心十界曼荼羅」等とも共通する。

ところで、ド・ロ版画制作とほぼ同時期にあたる1878(明治11)年のパリ外国宣教会年次報告には次のような記事が見える。「長崎では9人の宣教師たちが、ローケーニュ司教の指導のもとで、特に旧信者の末裔の所で骨の折れるしかし慰め多い使徒職に従事している」[3)]。「旧信者の末裔」とは、すなわち潜伏キリシタンの子孫のことである。いわゆる“かくれキリシタン”と呼ばれる人々をカトリックに復帰させることが、1865(慶応元)年に、潜伏していた日本人の信者たちと運命的な出会いを果たしたプティジャン司教同様、ド・ロ神父の使命の一つだった。

長崎県生月島でかくれキリシタンの信仰を守り、行事を主宰するオヤジ様の一人は、かくれキリシタンにとっての「神」を次のように語る。「キリストはカトリックの神であってカクレキリシタンの神ではない。(中

---

3)『パリ外国宣教会年次報告Ⅰ(1846~1893)』松村菅和・女子カルメル修道会訳、聖母の騎士社、1996年、51頁。

略）頂点にある神はマリヤで、御前様、御水、オマブリがマリヤを示す一体となったもので神」であると[4]。実際に、生月島で「御前様」と呼んで拝礼の対象とする掛け絵のほとんどは聖母子像であり、長崎・外海・五島地方での信仰の中心も御帳（カトリックの教会暦）のほかは、中国から輸入した白磁・青磁の子安観音や慈母観音像をマリアのイメージに見立てた「マリア観音」である。かくれキリシタンを教会へ呼び戻すのが第一の目的であれば、この煉獄図にも、中国版の聖母子像をそのまま採用してよかったはずである。しかし、むしろ、そうしなかった点に制作者の意図が読み取れる。かくれキリシタンの世界で長い間、神道や仏教と混淆したマリア信仰の背後に退けられていたキリストの生涯について、あらためて教え広めようという、ド・ロ神父側の意志が感じられるのである。

1-2　悪人の最期

〈悪人の最期〉［図３］と中国版［図４］の大まかな構成は同じである。しかし、中国版が戸外とつながるオープンセットのような空間なのに対し、ド・ロ版は室内で、壁面の棚の上段に神棚、下段に仏壇が細かな筆致で描かれている点が特徴的だ。神棚の左右には、赤と緑の天狗を配している。

悪人の枕元に置かれた神棚と仏壇は、明らかに、祖先崇拝のために神道祭祀や仏教行事も欠かさないかくれキリシタンたちに一神教への改宗を迫る意図の表れだろう。そして、かくれキリシタンにとっての伝承神話である『天地始之事（てんちはじまりのこと）』において、「天狗」という民俗語彙は「悪魔」の訳語として使われている。浦上・外海地方の信者間に伝わっていたとい

4）『長崎県のカクレキリシタン ── 長崎県カクレキリシタン習俗調査事業報告書』長崎県教育委員会、1999 年、176 頁。

［図 3］ ド・ロ版画〈悪人の最期〉
大江天主堂蔵

［図 4］〈悪終〉『聖教聖像全図』（1869 年）

う祈祷文の中にも「大天狗、大天狗、そこ立退けろ、此路は天主の路、御身様の御言葉を以て通らすぞ」（「ロザリオの十五個條」）という一文が見える[5]。鎖で縛られようとしている悪人の傍らには、銚子と盃、金子やサイコロ、花札（あるいはポルトガルから長崎に伝わって博打にも使われたウンスンカルタか？）などが転がっている。天狗を目印とした他宗教の信仰は、博打や飲酒などの欲と同様に、邪道な禁忌と教えられていたことがわかる。

5）浦川和三郎「附録　浦上、外海地方の信者間に傳はつて居た祈禱文」『日本に於ける公教会の復活　前篇』天主堂、1915 年（『近代日本キリスト教名著選集 9　日本に於ける公教会の復活　前篇』日本図書センター、2003 年）、6 頁。

1－3　地獄

ド・ロ版の〈地獄〉[図5] を中国版 [図6] と比較すると、着色効果を除いても、その阿鼻叫喚ぶりには凄まじいものがある。巨大な岩盤に囲まれた地下の火の池から逃れようがなく、もがき苦しむ男女に、悪魔や竜や蛇が容赦なく襲いかかる。原図にはない亡者と子どもが追加され、女性の数が大幅に増えている点にド・ロ版の特色がある。

1865（慶応元）年に大浦天主堂にて、潜伏していた日本人の信者たち数名と運命的な出会いを果たしたプティジャン司教は、「ド・ロ版画」完成の数年後にあたる1880（明治13）年、パリ外国宣教会への報告で次のように述べている。「生月はなかなか豊かで人口も多い島である。全島民信者でありずっと以前から明るい希望を見せているのに教会に戻ったのは50家族にすぎない。……不思議なことは、この島では、正統信仰に

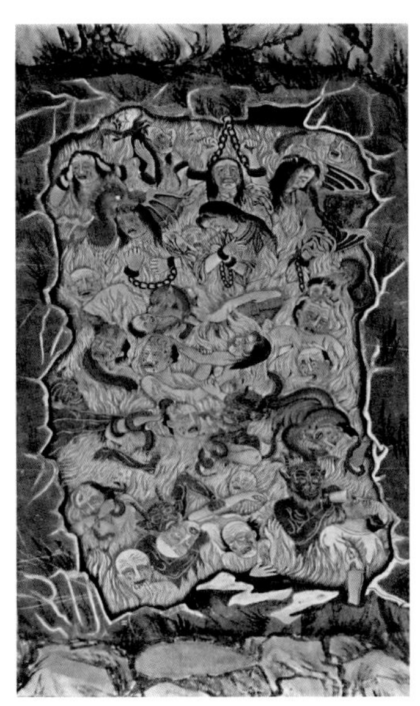

[図5] ド・ロ版画〈地獄〉
大江天主堂蔵

[図6]〈地獄之苦〉『救世主実行全図』
金陵天主堂蔵版（1869年）

戻るのを妨げているのが婦人たちだということである」[6]。島民のほとんどがキリスト教信者の末裔であるにもかかわらず、ほんのわずかしか教会に戻ってこない、とくに婦人たちが復帰を妨げているという嘆きは、その後の別の報告にも見られる[7]。長崎教区の宣教師たちは、女性たちへの布教を、かくれキリシタン集落に共通する課題として重く捉えていたと考えられる。

教理用版画制作にあたりド・ロ神父が目指した一つに、世俗的な“穢(けが)れ”観を理由にキリスト教行事からは除外されながら、片や集落の目を憚り、仏教や神道行事を含む祖先伝統の信仰を固く守り続ける女性たちの意識改革があったことは間違いないだろう。祖先を祀るイエのしがらみに手鎖で縛り続けられる女性、両手で耳を塞いだまま他人の話を聞こうとしない女性、夫と仲違いし離縁するような女性の魂は救われることがなく地獄に落ちる、と絵は語っている。

なお、〈地獄〉図でもう一つ特異な点として、人物の顔の表現が挙げられる。地獄に蠢く男女には、顔中のシワというシワが過度に刻み込まれ、軽く開いて歯を見せた口元はへの字に曲がり、白目を向いている。悪人とはこのような形相だと言わんばかりである。全5種をテーマに沿って眺めると、善人と悪人の表情の違いは一目瞭然で、顔の大げさなデフォルメは、善と悪の違いを女性にも子どもにもわかりやすく教えるための、ド・ロ版ならではの工夫と言えるだろう。感情を露わにしたグロテスクな描写と、手の甲や腕の筋を立体的に際立たせる陰影表現に、明らかに洋風画を学習した絵師の来歴が窺える。

6）『パリ外国宣教会年次報告Ⅰ（1846～1893）』、63頁。
7）同上、155頁。

1-4　善人の最期

〈善人の最期〉［図7］は、ある善き人の危篤の時にあたり、神父が終油（塗油）の秘跡を行っている場面である。天上ではキリスト、マリア、ヨセフの聖家族が今まさに迎え入れんと見守っている。その右隣の天使は、中国版［図8］にはないド・ロ版独自の描写で、「天のうちに　むくいハおほきなり」と、仮名文字で書かれた紙を掲げている。中国版では中国人だった神父が、ド・ロ神父やプティジャン司教を思わせる濃い髭をたたえた西洋人に替わり、おそらく衣装についてはしっかり監修がなされたと推察する。

ここで一つ注目すべきは、母親に支えられて中央で祈りを捧げる“唐子（からこ）”の存在である。兄弟と思しき両側の男児同様、衣装は日本の着物と帯に変えられてはいるが、頭上には中国風の双鬟（そうかん）と呼ばれる二つの丸髷

［図7］ド・ロ版画〈善人の最期〉
大江天主堂蔵

［図8］『教要六端全図』
金陵天主堂蔵版（1869年）

を結い、画面全体に可愛らしいアクセントを添えている。ここで、中国原画に登場する聖人および天使以外の人物をことごとく和風化するなかで、あえて唐子姿の子どもを残したのはなぜか。それは、ド・ロ神父の意志というよりは、むしろ日本文化に精通した絵師の判断によるものではないかと考えられる。なぜなら、当時の日本において、唐子姿の子どもは、必ずしも中国人を意味したわけではないからである。日本では16世紀中ごろから唐子髷スタイルの子どもたちが絵画にも実社会にも現れ始めたといわれ、18世紀になると、唐子髷に加え、中国由来の腹掛けを着けた唐子姿の子どもたちが浮世絵をはじめとする近世絵画に多く見られるようになる[8)]。他方、唐子は地元長崎の人びとにとって長らく親しまれていた存在でもあった。「長崎版画」や、平戸藩の御用窯であった三川内焼の題材としてもお馴染みである。中国伝統の幸福と繁栄の象徴としてのみならず、女性にも子どもにも親しみの持てる愛らしいイメージとして、「ド・ロ版画」の絵師は“唐子姿”の子どもを意図的に採り入れたのだと思われる。

1-5　復活と公審判

最後の1点、キリストの“最後の審判”を表した〈復活と公審判〉[図9]には最も多彩な庶民像が描かれ、当時の風俗との関係を探るには格好の資料である。中国版[図10]を自在にアレンジし、作り手の独創性が最も発揮されている。たとえば、画面下部を見ると、右端の男に対して、悪魔は冠を見せながら、「くらゐハいまなんの江きぞ」と書いた紙を示している。同様にその隣の男には、金子の束を見せながら、「たからハいまなんの江きぞ」と脅している。さらに、中央で気難しそうに顎を手

8）黒田日出男「〈唐子〉論——歴史としての子どもの身体をめぐって」東京国立文化財研究所編『人の〈かたち〉人の〈からだ〉——東アジア美術の視座』平凡社、1994年、82-84頁。

［図 9］ド・ロ版画〈復活と公審判〉大江天主堂蔵

［図 10］〈世界終尽降臨審判生死〉『聖教聖像全図』（1869 年）

に載せるザンギリ頭の男に対しては、「おのれのあにまをたすくる事を志らず」と、実はかくれキリシタンにとっては決定的な一言を発している。潜伏キリシタン、そしてその伝統を受け継いだかくれキリシタンにとって、神話的伝承である『天地始之事』に説かれたとおり、「貪欲」や「我欲」といった欲望に満ち溢れた世界は忌むべきものであった。また、「あにまのたすかり」とはキリシタン伝来用語で「死後霊魂が神のもとで永遠の生命に入ること」を意味し、外海・五島・長崎系の潜伏キリシタンの伝来書である『こんちりさんのりやく』の冒頭でもその重要性が強調されている[9)]。つまりこの場面では、信者に対し、祖先伝来の教えに背くような言動を直接的に戒めていることがわかる。

9）中村博武『宣教と受容——明治期キリスト教の基礎的研究』思文閣出版、2000 年、225 頁。

なお、最下部左端で蛇に巻かれ赤い涙を流している女性は、長崎の花街丸山の遊女であろう。格子柄の小袖に真っ赤な襦袢が目を引く。島田髷に飾られている沢山の簪は、長崎特産の鼈甲と思われる。ド・ロ神父と絵師がどこまで当時の長崎風俗を参照したか、今日では厳密な証明は難しいが、墨摺の中国版を基に着彩するにあたり、配色は当然ながら大きな課題であったろうと思われる。特に衣装の柄や模様は版木に彫られていないので、そこにある程度の時代性・土着性を見いだすことができるのではないだろうか。1874（明治7）年にお雇い外国人として来日した英国人化学者、ロバート・ウィリアム・アトキンソン（1850-1929）は、日本に藍染めの衣類が多いことに注目し、“ジャパン・ブルー”と名付けた。「ド・ロ版画」においても男女の着物のほとんどが青系の色に塗られている。模様は、舶載木綿の柄にならって全国的に流行した縞模様をはじめ、絣、格子柄が主で、時代の特色がよく現れている。

2 「プティジャン版」にみる装飾文様

潜伏キリシタンが秘蔵していた伝来書や「キリシタン版」のローマ字原書等を典拠として出版された、現在では「プティジャン版」と称される一群の教理書類は、ベルナール・プティジャン司教（1829-1884）認可のもとに、信徒の森松次郎や阿部真造らが手写したものとされ、印刷を指導したのはド・ロ神父であった[10)]。1865（元治2）年－1873（明治6）

10）片岡弥吉『ある明治の福祉像――ド・ロ神父の生涯』日本放送出版協会、1977年、45頁。森松次郎（1835-1902）は外海の黒崎村生まれ、洗礼名はドミンゴ。1865（慶応元）年に大浦天主堂ができた頃よりプティジャン司教の布教活動に協力し、1869（明治2）年にはマニラに同行してキリシタン版を筆写している。後年は上五島へ移住し、キリシタン指導者となった。阿部真造（1831?-88）は、別名貞方良輔。長崎の唐通事を経て浦上村に滞在中、プティジャン司教を知り受洗。浦上キリシタンの逮捕が開始されると、1869（明治2）年には上海に避難してプティジャン版の版下

年の期間に出版されたうちの23点は、上智大学キリシタン文庫所蔵の原本を底本に、丸善雄松堂から復刊されている（『本邦キリシタン布教関係資料　プティジャン版集成』、2011-12年）。

プティジャン版のなかには絵入り本も含まれる。そのうち、1869（明治2）年に出版された『弥撒拝礼式』と同時期刊行かといわれる『玫瑰花冠記録』にはユニークな装飾画が施されている。西洋のモチーフやキリスト教のシンボルのなかに日本や中国の伝統的な文様が混じっているのだ。とりわけ『弥撒拝礼式』の絵はプロの手によるとは思えない素朴な筆致のためか、これまでの研究でとくに取り上げて分析されたことはなかった。再宣教にあたり日本語による教理書刊行が急がれていた時期、図様の選択にどのような意図があったのか。「ド・ロ版画」との関係性も視野に入れ、2冊の装飾図様についても簡単に触れておきたい[11]。

2-1　『弥撒拝礼式』

本書は、カトリックにおいて最も重要な祭式であるミサに関し、信徒の心得と所作の手順、唱える祈祷（オラショ）などを解説したものである。サイズは縦23.5×横18センチで、29丁からなる四つ目袋綴じの和装本。大浦天主堂キリシタン博物館所蔵本の表紙は水色無地の厚紙で「弥

制作に従事。みずからも同年『夢醒真論』を刊行し、江戸幕府のキリスト教禁制策を継続する新政府に対し、日本にとってキリスト教は必要な教えであると説いた。しかし明治5年に大浦天主堂脱走後、転向して神道教導職となる。

11）『弥撒拝礼式』については大浦天主堂キリシタン博物館所蔵本を、『玫瑰花冠記録』については『本邦キリシタン布教関係資料　プティジャン版集成』の復刻版（原本は上智大学キリシタン文庫所蔵）をそれぞれ底本とした。各文様の特定については、ジェニファー・スピーク著・中山理訳『キリスト教美術シンボル事典』（大修館書店、1997年）、『日本・中国の文様事典』（視覚デザイン研究所編・発行、2001年［第6刷］）、花林舎編『日本の文様図典』（紫紅社、1996年）等を参考とした。2冊の装飾文様の詳細一覧については、拙稿「明治期キリシタン版画にみる日本文化の表象」（『DNP文化振興財団 学術研究助成紀要』第3号、2020年）を参照のこと。

撒拝禮式　全」の題簽が貼られている。一方、上智大学キリシタン文庫所蔵本の復刻版の表紙は青地一面に菊花文様が墨摺されており、表紙にはいくつかのバリエーションがあったようだ。

本文の筆蹟は阿部真造（別名・貞方良輔）による。この頃には長崎でのちに“浦上四番崩れ”と呼ばれるキリシタン迫害が激しさを増していたため、プティジャン司教は阿部真造や石版技術見習生、神学生らを一時上海へ脱出させた。そのため、印刷は現地で行われたとする説が多いが[12)]、定かではない。用紙は中国製の白く薄い画仙紙で石版刷りである。

第1丁からは、本文周囲の装飾として、聖母マリアを表す百合や薔薇、アイリスなどの花模様、十字架、キリストの受難と復活を象徴するシンボルが、全体の主旋律として描かれていく。さらに、日本人信徒が親しみを持てるように配慮した結果か、全29丁58図のうち、半数を超える32図に、中国や日本由来の文様が散りばめられている。

選ばれた図柄は、「松竹梅」（8丁表）、「竹に雀」（16丁裏）、「松に鶴」（20丁表）を代表とする、伝統的な吉祥文が基本である。仏教とゆかりの深い「蓮の花」（5丁表）も見られる。さらに注目すべきは、「流水に光琳菊」（4丁表）、「鱗(うろこ)文」（7丁裏）［図11］、「雷文と雨龍」（12丁表）、「紗綾形（卍崩し）」（15丁表）、「組紐文に扇面」（21丁表）、「車輪」（21丁裏）、「檜扇」（23丁裏）、「桐紋」（25丁裏）、「雁金」（27丁表）、「笹竜胆文」（27丁裏）など、江戸時代に菱川師宣、西川祐信ら浮世絵師が作成した染織模様のための雛形(ひながた)本や、尾形光琳、葛飾北斎らが残した文様図式等を参考にしなければ描けないような専門性の高い図様が多いことである。また、『古今和歌集』典拠の「千代八千代さゞれ石の苔ハむすとも」の文言を含む5丁裏の祈祷文（オラショ）の周囲には“日本”を

12）松崎實「天主教の部解題」明治文化研究會編『明治文化全集　第十九巻宗教篇』（日本評論社、1967年［初版1928年］）、6-7頁、長沼賢海編『南蠻文集』（春陽堂、1929年）、63頁、片岡弥吉「出津の聖者ド・ロ神父」『長崎談叢』第38巻（1958年）、3頁など。

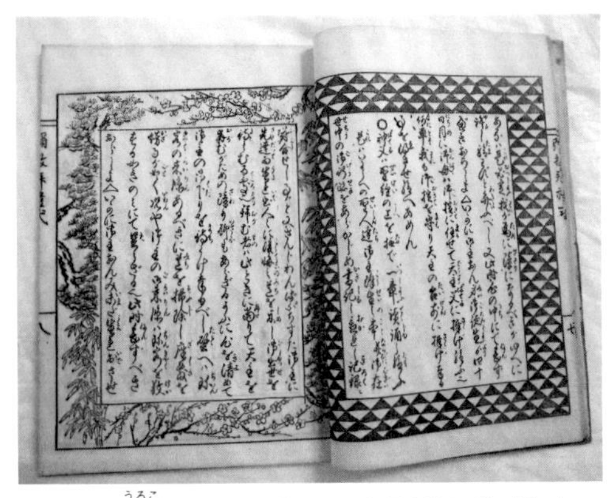

［図 11］（右）「鱗文」（左）「松竹梅」『弥撒拝礼式』（1869 年）
大浦天主堂キリシタン博物館蔵

象徴する「桜」を配したり、王朝文化を表す典雅な「車輪」文様（21 丁裏）［図 12］に呼応させるかのように、皇室ともゆかりの深い「菊花」（22 丁表）を並べたりするなど、文様の選択と配置にただアトランダムとも言い切れない恣意性をうかがわせる面もある。

なかでも最も強いメッセージ性を感じさせるのは、網に数多くの魚がかかっている「大漁」の図様（12 丁裏）である［図 13］。注意深く観察すると、真鯛（春）、ミノカサゴ（春）、アジ（夏）、キビナゴ（夏）、サバ（秋）、ブリ（冬）など、九州近海で獲れる四季の魚が描写されているようにも見える。“魚”はキリスト教最古のエンブレムの一つといわれる。初期キリスト教時代の著述家は、新しい改宗者を「小さな魚」と呼び、キリスト教徒が迫害された時代には、地下墓地の壁面に魚の線画が描かれたという[13)]。同じ信仰を分かつ仲間同士の親密な関係を表現する記号であったとされ、ここでは、できるだけ多くの信徒を教会へ戻したいという制作者側の密かな願いが読み取れる。その左頁には、五島の名産で長崎のキリシタンにとっては代々聖なる木とされていた「椿」も見える。

13)『キリスト教美術シンボル事典』、91 頁。

［図 12］（右）「車輪」（左）「菊花」

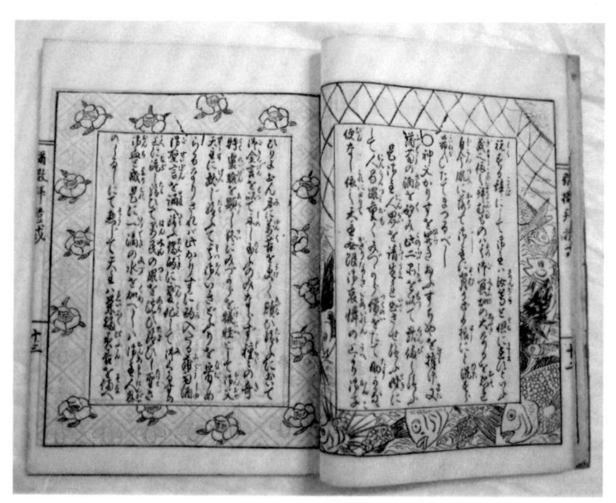

［図 13］（右）「大漁（網に魚）」（左）「椿」

本書テキストの典拠については、すでに中村博武により、北京版『聖教日課』等２冊の漢籍が指摘されている[14)]。しかし、それらに挿絵はなく、西洋のモチーフの手本とは別に、日本・中国風の図様については様々

14）中村博武『宣教と受容――明治期キリスト教の基礎的研究』、62-64 頁。北京版『聖教日課』の１冊は現在、長崎歴史文化博物館に所蔵されている。

な資料を参考に吉祥文を中心に選び、独自に描き上げたことが推測される。「松に鶴」のダチョウかと思うような鶴図などから専門の絵師による筆とは考え難い。

2-2 『玫瑰花冠記録』

聖母に対する祈祷である「ロザリヨ」の勤行について解説した書である。『弥撒拝礼式』とは異なり、洋紙を用いた石版刷りの洋装本[15]で、サイズは縦28×横22センチ。頁付けなしの例言1頁、本文128頁に、16点の挿絵が含まれる。各挿絵の周囲には『弥撒拝礼式』のちょうど2倍ほどの枠内に、やはり“和・洋・中”混在の図柄が描き込まれている。

全体の画題は、「受胎告知」から始まる聖母マリアとキリストの物語「マリア十五玄義図」である。装飾画についても、挿図3に描かれたカエル、ぶよ、バッタが「出エジプト記」に登場する“神がもたらした十の災い”と共通していたり、挿図5の聖母マリアと聖ヨセフの頭上にそれぞれを象徴とする白鳥と鳩が描かれたりするなど、キリスト教に関わる図様には正確な監修がなされている。一方、挿図7の「日暈（日雲）、4羽の鶴、松」のように、仏教用語でいう“瑞相”と東洋の吉祥文が多用され、晴れやかさ、めでたさも強調されている。『弥撒拝礼式』の絵と比べると筆致は洗練され、植物や鳥、昆虫などの細部の描き込みにそれなりの技術と構成力がうかがえる。例えば、聖母マリアを暗示する百合に、あえて東洋では食用とされるユリ根を加えている挿図4や、聖母を象徴するとともに東洋では瑞鳥でもある孔雀と、桜、椿、石、それに中国の雷文付きの花器に入った福寿草を描いた挿図15［図14］など、図柄の組み合わせもよく計算されていて、破綻がない。挿図10の「向い蝶」［図

15）松崎實「天主教の部解題」、17頁、高祖敏明『本邦キリシタン布教関係資料1865-1873　プティジャン版集成解説』雄松堂書店、2012年、83頁。

［図 14］『玫瑰花冠記録』挿図 15
（『本邦キリシタン布教関係資料　プティジャン版集成』復刻版）

［図 15］『玫瑰花冠記録』挿図 10
（『本邦キリシタン布教関係資料　プティジャン版集成』復刻版）

15］など、西洋にも見られる図柄にあえて有職文様を採用したセンスも見逃せない。

16点の「玄義図」については、郭南燕が最新の調査研究に基づき、「ド・ロ版画」と同様、ヴァスール師出版物のひとつ『玫瑰経図像十五端』（慈母堂、1869年）の挿絵を手本とした可能性を指摘している[16)]。しかし、『弥撒拝礼式』とは比較にならないほど複雑な和洋中混合の装飾文様がどのように考案され、繊細な筆致の絵師は誰かという疑問はなお残る。

結び

「プティジャン版」の絵入り本などを見ると、当初、ド・ロ神父ら宣教師が日本人向けの出版に試行錯誤していた様子が目に浮かぶようである。参考となりそうな絵手本を集め、信徒や絵師とともに、誰もが知っている縁起の良い文様を選び、意味を確認しながらキリスト教のモチーフと組み合わせていく。そのように苦労を重ねた出版活動を通し、潜伏キリシタン伝来の信仰にも理解を深めた結果、「ド・ロ版画」では“松”や“日輪”などいくつかの吉祥モチーフは共通ながら、それ以上に地元長崎の風俗・文化を積極的に受容していく方向へ進んだ。仏教や神道、日本古来の民間信仰にも配慮しつつ、特にかくれキリシタンに対し深いアプローチに努めた様子がうかがえる。一方で、善悪をはっきり理解させるためのやや大げさな描写や、可愛らしいイメージの取り込み、仮名文字の使用などから、女性や子どもに対する“わかりやすさ”“親しみやすさ”を重視していたことも確認できる。

なお、「ド・ロ版画」と、手本とした中国版を比較したとき、西洋画法

16）詳細については、郭南燕「第1章　ド・ロ版画の前奏曲：石版印刷から彩色木版画へ」『ド・ロ版画の旅　ヨーロッパから上海～長崎への多文化的融合』、24-35頁、ならびに本書の郭論文参照のこと。

の受容のしかたに顕著な違いが見られることも付記しておきたい。1868年作の中国版を見る限り、少なくとも当初は、ヨーロッパ原画の様式はそのままに、衣装や髪形、建物等を表面的に中国風に変更しただけで、人間の表情や身体性、陰影や遠近法にはさほど関心を払わなかった、あるいはむしろ意図的に避けたように思われる。独自の芸術美を形成してきた長い歴史を持つ中国においては、それが適切な方法であり、それで必要十分だったのかもしれない。

それに対し、「ド・ロ版画」では、キリスト、マリア、天使など、西洋人の表情や衣装は手本通りに比較的形式的に描かれているものの、こと日本人の表情や身体描写、着物の柄などの身近な点においては、観者の目を意識した独自の写実性、リアリティーが追求されている。陰影表現や遠近法も意志的に取り入れている。同じ宗教でも、それぞれの国の歴史・文化が培ってきた価値観によって、伝えようとするイメージに明確な違いが現れることを、これらの版画はあらためて教えてくれる。

ド・ロ版画の起源

── 上海土山湾工房[1)]

郭　　南燕

1　ド・ロ神父の来日

マルコ・マリ・ド・ロ（Marc Marie de Rotz, 1840年3月26日－1914年11月7日）は、フランス西北ノルマンディ地方のヴォースーロール村（Vaux-sur-l'aure）に生まれ、9歳の時、当代一流の教育者デュパンルー司教（1802-1878）が創立した聖十字架学院に入学、20歳からオルレアン神学校に学び、1862年9月にパリ外国宣教会の神学校に入り、1867年にパリ外国宣教会に入会し、東洋布教の派遣に備えていた[2)]。

図1　ド・ロ神父の写真（上野彦馬撮影）

1858年日仏修好通商条約が結ばれ、翌59年にフランス人の日本入国が許可された。同年8月に長崎が開港して、長崎の大浦地域で外国人居

1）小文は、郭南燕編著『ド・ロ版画の旅：ヨーロッパから上海～長崎への多文化的融合』（創樹社美術出版、2019年）所収の第1章「ド・ロ版画の前奏曲：石版印刷から彩色木版画へ」と第2章「ド・ロ版画のルーツ：ヨーロッパから中国～日本へ」を簡略、加筆したものである。詳細は原書を参照されたい。

2）片岡弥吉『ある明治の福祉像：ド・ロ神父の生涯』日本放送出版協会、一九七七年初版、1996年3刷、17-25頁。

留地が形成される。パリ外国宣教会のジラール神父は日本布教責任者として9月に江戸に入り、横浜で宣教活動を始め、1862年1月、外国人居留地で建立された横浜天主堂（正式名は「横浜聖心聖堂」）が竣工し、多くの日本人見物客を引きつけていた。11月にフューレ神父とプチジャン神父（Bernard-Thadée Petitjean, 1829-1884）が横浜に上陸した。

翌1863年1月、フューレは長崎に到着し、2月に長崎在留のフランス人のために教会の建築をはじめた。7月にプチジャンも長崎に入った。神父たちは日本語の学習に励みながら、根絶とされたキリシタンの子孫を発見しようとした。1864年12月29日に大浦天主堂が竣工し、当時「フランス寺」と呼ばれていた。わずか三ヶ月後、潜伏キリシタンの子孫が現れた。1865年3月17日昼12時半頃、十数名の老若男女が聖堂に現れて、プティジャンの祈りをしばらく観察してから、年齢約四、五十歳の女性が胸に手を当てて、「ワタシノムネアナタノムネトオナジ」と言い、プティジャンの示した聖母子像を見て感激し、自分たちがキリストの聖誕と受難前の四旬節を守り続けてきたことをプティジャンに告げた[3)]。これは「東洋の奇跡」と称される潜伏キリシタンの再発見であった。

プティジャンは、翌1866年に司教に叙階され、復活キリシタンの指導とキリシタン子孫のカトリック復帰の促進のために、教理書の大量印刷を希望し、フランスで印刷術をもち、殉死をいとわない宣教師を求めた。それに応じたのはド・ロである。ド・ロは早速石版印刷術を習得し、1868年に日本に派遣されることになった。

出発前、両親から約24万フランを贈与された[4)]。故国に帰還する予定のない息子へ与えた親の「遺産」と考えられよう。当時、1フランは2キログラムのパンを購買する価値があったので、今日の日本円に換算すれば、約2億4千万円にあたるだろう。この財産は、のちにド・ロが長

3）純心女子短期大学、長崎地方文化史研究所編『プチジャン司教書簡集』純心女子短期大学、1986年、69-72、174頁。
4）片岡弥吉『ある明治の福祉像：ド・ロ神父の生涯』37-39頁。

崎地方で行った数々の産業、福祉、宣教の活動に充てがわれた。

ド・ロはプティジャン司教とともに1868年4月19日にマルセイユを出帆し、6月7日に長崎に上陸し、ドイツ人ゼネフェルダーが1798年に開発した石版印刷機を日本へ輸入した。

石版印刷機を初めて日本に持ち込んだのは、1860年来日のプロシヤ使節団で、名称は「鉄製御紋押形」であり[5)]、将軍の紋章「葵」を単発的に印刷したからである[6)]。だが、その機械は実用されなかった。その後、横浜在住の英国領事館付き牧師ベーリ（Buckworth M. Bailey）は、1867年1月に『万国新聞紙』を創刊し、10月中旬発行の第7集と次の第8集の表紙を初めて石版刷りし、1868年3月発行の11集は石版刷りと木版刷りを併用したが、効果が思わしくないので、石版刷りを継続しなかったという。この『万国新聞紙』が日本最初の石版印刷物と考えられている[7)]。

一方、横浜天主堂は1862年1月12日の落成式を迎え、そこで宣教師たちは「見物人の質問に答へ、絵画を用ひてカトリック教の主要なる心理を説明し、祈祷書などを分け与へた」という[8)]。その絵画は石版画であった。それらの絵に深い興味をもったのは、1868年春以降に横浜にやってきた画家・写真家の下岡蓮杖（1823-1914）である。彼は石版画の聖像の「砂目のやわらかい陰影のとりかた」に驚き、自分もその技法を学ぼうとした[9)]。つまり、ド・ロの来日前に、横浜ではヨーロッパの石版聖画は日本人の目に触れていたのである。

5）日本学士院日本科学史刊行会編『明治前日本応用化学史』日本学術振興会、1963年、139-140頁。

6）小野忠重『日本の石版画』美術出版社、1967年、9-10頁。オイレンブルグ伯著、日独文化協会翻訳・発行『第一回独逸遣日使節日本滞在記』刀江書院、1940年、151-153頁。

7）日本学士院日本科学史刊行会編『明治前日本応用化学史』日本学術振興会、1963年、148-149頁。

8）クラマン・柳茂安「横浜聖心聖堂の沿革（文久2年より昭和21年末に至る）」板垣博三『横浜聖心聖堂創建史』エンデルレ・ルーペルト、1987年、120頁。

9）前田福太郎『日本写真師始祖下岡蓮杖』新伊豆社、1966年、144-147頁；神奈川県立近代美術館編『神奈川県美術風土記』有隣堂、1970年、153-154頁。

2　ド・ロ導入の石版印刷

「信徒発見」のあった大浦天主堂の付属施設は、伝統的な木版印刷を行い、ド・ロが到着した後も木版本『聖教初学要理』(1868年8月)を発行している。その版木を彫ったのは「大工兼吉」だと記したのは、当時の長崎奉行所公事方手付の書いた「探索書」である[10)]。その「兼吉」は、のちの「ド・ロ版画」の版木の彫り師の一人であった可能性があるかもしれない。

ド・ロは大浦天主堂のとなりの二階建ての司祭館に落ち着き、そこで石版印刷を開始した。石版印刷は木版印刷と違い、速度が早く、大量印刷に適している。四ヶ月後に発行した『聖教日課』(1868年10月)は最初の石版刷書物である。ド・ロは、翌1869年に7種の書籍を石版で印刷したといわれる。すなわち、『御久類寿道行のおらしよ』、『胡無知理佐无の略』、『とがのぞき規則』、『玫瑰花冠記録』、『夢醒真論』、『弥撒拝礼式』、『聖教初学要理』[11)]。ただし、『玫瑰花冠記録』の刊行年は1869年ではないことを後述する。これらの書物は「プティジャン版」と称される。

狭義の「プティジャン版」は、1865年から禁教高札撤廃の1873年まで、主にプティジャンの認可を得て出版した書物(図書、暦、手紙など)の19種23点を指す。原本の多くは、潜伏キリシタンの秘蔵した16、17世紀活字印刷のキリシタン版の写本か、プティジャンがマニラやローマで入手したキリシタン版のローマ字原書を森松次郎や阿部真造が写したものである[12)]。これに対して、広義の「プティジャン版」は、プティジャ

10) 片岡弥吉『ある明治の福祉像：ド・ロ神父の生涯』44-45頁。
11) 高祖敏明『本邦キリシタン布教関係資料(一八六五－一八七三年)プティジャン版集成　解説』雄松堂書店、2012年、23、165-166頁。
12) 高祖敏明『本邦キリシタン布教関係資料(一八六五－一八七三年)プティジャン版集成　解説』12頁；片岡弥吉『ある明治の福祉像：ド・ロ神父の生涯』45頁。

ンが最後に認可した1883年まで刊行した書物を含む69点を意味する[13)]。

プティジャン版の体裁は、中世キリシタン版の表題紙の割り付けを模倣している。すなわち、中央に表題、右に刊行年、左に和暦による刊行年や付録の表題を配置し、三行に割り付ける[14)]。それは、約三百年前のキリシタン版の言語と概念により、キリシタン時代と明治初期をつなぎ、漢籍の和訳によって、中国のカトリック教会の伝統と文化がふたたび日本文化と出会う機会をもたらし、「時代と時代、文化と文化をつなぐ役割を果たした」と高祖敏明が的確に指摘している[15)]。

日増しに激しくなったキリシタン迫害を避けるため、ド・ロの持ち込んだ石版印刷機は、1870年1月15日にフランス汽船アミティエ号に積み込まれ、上海へ避難することになった。それを記録したのは当時長崎在住のパリ外国宣教会のA・ヴィリオン神父の日記『日本宣教五十年』であり、「教理書刊行のため、今日まで随分と役立った石版印刷機」の海外避難を非常に残念に思ったという記述がある[16)]。

その時、ローケーニュ神父は、大浦天主堂内の神学生13人と国語教師阿部慎蔵（のち真造）、石版見習生五名を上海へ避難させ、自分も上海へ渡った。数ヶ月後、ローケーニュ一行は香港に渡った[17)]。さらに1870年3月、神学生4人が長崎から上海へ脱出した。その一人の片岡倉松の体験談によれば、上海バンド付近のカトリック教会「三徳堂」に一週間ほ

13）高祖敏明『本邦キリシタン布教関係資料（一八六五－一八七三年）プティジャン版集成　解説』12頁。

14）同上、9-10頁。

15）同上、20-21頁。

16）片岡弥吉『ある明治の福祉像：ド・ロ神父の生涯』49-50頁。A. Villion, *Cinquante ans d'apostolat au Japon*, Hong Kong: Imprimerie de la société des missions-etrangères, 1923, p. 39. 原文は「Comme précaution, nous embarquons sur le brick francais l'*Amitié*, à destination de nos Pères à Shanghai, toutes les pièces de la lithographie qui, nous a été si utile jusqu'ici pour la publication des livres de doctrine.」とある。

17）浦川和三郎『切支丹の復活』後篇、日本カトリック刊行会、1928年、841頁。

ど滞留し、神父と中国人信徒によく面倒を見てもらった[18]。

3　プティジャン版の絵入り本

プティジャン版に絵入り本が3冊ある。すなわち『弥撒拝礼式』(1869年)、『ろざりよ十五のみすてりよ図解』(1871年)、『玫瑰花冠記録』である。それらの挿絵と装飾文様が模倣した上海土山湾の刊行物にまず注目したい。

土山湾とは、上海西南にある徐家匯地域(マテオ・リッチに協力した知識人パウロ徐光啓一家の所有地)の村落である。1864年、イエズス会はそこで「土山湾孤児院」を設立した。そこの工房で、孤児たちに絵画、彫刻、鋳金、家具、ステンドグラス、印刷などを教え、その制作物は国内外で知られていた。書籍や絵画の印刷を専門とする土山湾印書館は1867年に設立され、多くの印刷物を世に出している[19]。印刷物の版元は「慈母堂」「土山湾」「徐家匯」などと表記されているが、同じ印書館のことを意味する。

上記の『弥撒拝礼式』(1869年)は長崎で刊行され、『ろざりよ十五のみすてりよ図解』(1871年)は横浜で上梓されたことが知られているが、『玫瑰花冠記録』に関しては諸説がある。『玫瑰花冠(ろざりよ)記録』の刊行年を、プティジャンの「例言」に記された「1869年」と考えられているが、事実上、不可能だろう。

「例言」では、「御出生以来千八百六十九年日本明治二巳四月廿五日ま

---

18) 同上、329-330頁。

19) D. J. Kavanagh, *The Zi-ka-wei Orphanage*, San Francisco: The J. H. Barry Company, 1915 (?), pp. 19, 23；鄒振環「土山湾印書館与上海印刷出版文化的発展」『重拾披土山湾碎片』(上)、上海錦繡文章出版社、2013年、219頁。

にらにおいて是を記す」とある[20]。「明治二巳四月廿五日」は西暦1869年6月15日にあたる。プティジャンは、ヴァイティカン公会議に参加するためにローマに赴く途中、マニラに立ち寄り、キリシタン関係書を物色し、ドミニコ会宣教師ファン・デ・デル著述の二書『ロザリヨの修行』（1622年刊）とその増補版『ロザリヨの記録』（1623年刊）を見つけた。おもに後者に基づいて『玫瑰花冠記録』を編纂したのである[21]。

『玫瑰花冠記録』を編纂翻字したのはプティジャンに同行した伝道士森松次郎である。彼は1869年11月に日本に帰国してから、原稿を阿部真造に渡した。阿部はこの原稿を携えて、「上海に亡命し、同地で上梓したもの（したがって実際の刊行は1870年）」と海老沢有道は推定している[22]。海老沢は「迫害下、教書出版は不可能のことであり、上海で石版刷し、長崎に持帰る方法が採られていたから、版下の筆者であり、文章の調整者でもある真造自らが上海に赴いたことは、この秘密出版事業を著しく進捗せしめたことであろう」とみている[23]。姉崎正治も「明治初年に出た教書は、皆上海で印刷してゐるが、此の慎蔵（引用者注――阿部真造）の筆蹟をそのまゝ石版にしたものである」と言い[24]、ヨハネ・ラウレスも「多分上海で印刷された」と推測した[25]。

しかし、石版印刷機の上海避難を疑問視するのは片岡弥吉である。ヴィリオン神父が日記に記していても、「果して上海に移されたものか否かを明らかにし得ないけれども、やがて横浜天主堂に移され、ここで石版

20) 高祖敏明『本邦キリシタン布教関係資料（一八六五－一八七三年）プティジャン版集成　解説』83頁。
21) 同上、83-96頁。
22) 海老沢有道『切支丹典籍叢考』拓文堂、1943年、193頁。
23) 海老沢有道「阿部真造：維新前後における一知識人の足跡」『史苑』21(2)、1960年12月、29頁。改訂再収は海老沢有道『維新変革期とキリスト教』新生社、1968年、193頁。
24) 姉崎正治『切支丹禁制の終末』同文館、1926年、171頁。
25) ラウレス「プティジャン司教とキリシタン伝統」『カトリック研究』第20巻第2号、1940年、91頁。

印刷が行われることになった」と考える[26)]。高祖敏明も「上海で印刷されたと思われるが、原稿を日本に送ってド・ロが印刷したのかもしれない」とみなしている[27)]。

もしも石版印刷機が上海に渡らなかったら、上海で石版印刷を行った可能性はないだろう。当時の上海に石版印刷機がなかったようである。ロンドン宣教会のメドハーストが石版印刷術を1832年に中国に持ち込み、中国で最も早い石版印刷による『東西史記和合』を出版し、広州とマカオで石版印刷所を設立したが[28)]、上海では1943年に墨海書館をつくり、4冊の本を石版で発行したが、石版印刷を大量に行ったことがない。イエズス会が土山湾印書館で石版印刷機を購入し、石版印刷を始めたのは1874年で、大型石版印刷機を購入したのは1876年だという[29)]。

もしも『玫瑰花冠記録』がパリ外国宣教会によって上海で石版印刷されたのなら、土山湾印刷物をふんだんに参考したお礼に、土山湾印書館の経営者イエズス会に知らせて、献本もしているはずだが、今のところ、これに関する文字資料が見つからず、イエズス会が1842年に設立した図書館（のち、「徐家匯蔵書楼」と称される）の蔵書目録『徐家匯蔵書楼明清天主教文献』（鐘鳴旦ほか編、1996年）にもこれらしい本がない。つまり、プティジャン版が上海で印刷された痕跡は見つからない。

『玫瑰花冠記録』は、1871年3月に阿部真造が横浜に戻り、その年11月中旬～12月中旬に刊行された『ろざりよ十五のみすてりよ図解』の前後ではないかと思われる。なぜならば、『玫瑰花冠記録』と『ろざりよ十

26）片岡弥吉「阿部真造について」『キリシタン研究』第6輯、1961年、137頁。

27）高祖敏明『本邦キリシタン布教関係資料（一八六五－一八七三年）プティジャン版集成　解説』83頁。

28）曲徳森、胡福生編『中国印刷発展史図鑑』（下）、山西出版伝媒集団、山西教育出版社、北京芸術与科学電子出版社、2013年、576、588頁。

29）賀聖鼎「三十五年来中国之印刷術」張静廬編輯注釈『中国近代出版史料』初編、初版は群聯出版社、1953年、重版は上海書店出版社、2003年、269-272頁；李天綱「土山湾：上海近代文化的重要淵源」、鄒振環「土山湾印書館与上海印刷出版文化的発展」『重拾土山湾碎片』（上）、上海錦繡文章出版社、2013年、10、232-233頁。

五のみすてりよ図解』の筆跡はいずれも阿部のものであるし、挿絵も同じだからである。

ただ、『玫瑰花冠記録』の挿絵は豊かな文様に縁取られるが、『ろざりよ十五のみすてりよ図解』は縁取りがない。前者の縁を取り外せば、両書の挿絵は構図も寸法（12.5cm × 8.5cm）も同じなので、同時期の制作だと推定できよう。

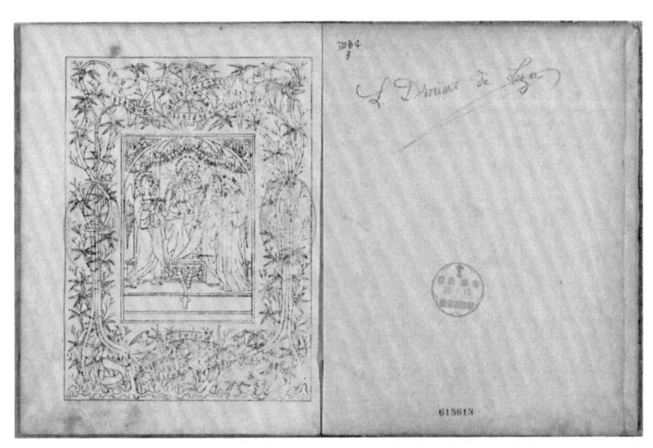

図 2 『玫瑰花冠記録』の口絵（縁あり）（国会図書館デジタルコレクション）

図 3 『ろざりよ十五のみすてりよ図解』（縁なし）

阿部真造（1831 年、長崎糀屋町生まれ）は、大浦天主堂の神学校の国語教師で、1870 年 1 月、亡命先の上海に約四ヶ月滞在してから、香港に赴き、そこで滞在してから、1871年3月に横浜に戻り、プティジャン司教の指示にしたがって多くの教理書の版下を書いた人である[30)]。阿部は、プティジャン版の編集と書写を助け、1873年の高札撤廃までにプティジャン版の活発な刊行は、「ひとえに彼の尽力による」とみられている[31)]。

上海滞在中の阿部は、石版見習生たちを連れて著名な土山湾印書館を見学した可能性があるだろう。その時、イエズス会士A・ヴァスールが作画した数々の宣教絵画や挿絵として入った書物などを目にしていただろう。ヴァスールの作画こそが、プティジャン版の『弥撒拝礼式』(1869年)、『ろざりよ十五のみすてりよ図解』(1871年)、『玫瑰花冠記録』(1871年か) の挿絵の手本なのである。

一方、ド・ロは長崎を離れて、横浜に渡り、1870年から横浜で働き[32)]、印刷を再開した。たぶん石版印刷機は上海に渡らず、まもなく横浜へ運ばれたのだろう。ド・ロが横浜で石版印刷に取り組んだことは、江口源一によって証言されている。江口の祖父は、ド・ロの横浜での版印刷を助けていた。「五島から二名、伊王島から一名石版工を横浜に呼んだ。伊王島の一名は私母方の祖父 (母の父) 真島源太郎 (略)。村役場に務め「字の源太郎」と渾名されていた程字 (毛筆) が上手だった由。それで石版工に選出されたのであろう」と、江口が書いている[33)]。もちろん、これを江口が直接見たわけではなく、祖父から聞いた情報であろう。

横浜におけるド・ロの印刷活動は、約十年間遅れて、カトリック宣教の週刊誌*Les Missions Catholiques* (1882年) によって言及されている。すなわち、「宣教地の工房で制作された絵画」(Peinture de tableaux dans les ateliers indigénes des mission) という記事は、宣教師が宣教地で美

30) 海老沢有道『維新変革期とキリスト教』192頁。

31) 高祖敏明『本邦キリシタン布教関係資料 (一八六五－一八七三年) プティジャン版集成　解説』104頁。

32) フランシスク・マルナス著、久野桂一郎訳『日本キリスト教復活史』みすず書房、1985年、407-408頁。

33) 江口源一『ドロさま小伝』著者刊行、九州印刷株式会社印刷、1993年、15頁。

術工房を作った例を挙げている。それは、土山湾のヴァスール、マダガスカルのTaïx神父、「横浜で作ったド・ロ」とあり、中国、朝鮮、日本、チベット、ベトナムの画工がヨーロッパ人よりも絵画、彫刻、着色の技術が高いと褒めている[34)]。

この文章は、横浜滞在期間中（1870～73年）のド・ロが行った絵画印刷を意味しているだろう。すなわち、『弥撒拝礼式』（1869年）、『ろざりよ十五のみすてりよ図解』（1871年）、『玫瑰花冠記録』（1871年か）に収載された挿絵と装飾模様があったから、ド・ロが横浜で「美術工房」を作ったと報道されたのである。実際、ド・ロが横浜で画工と印刷工を雇用し、工房らしい運営をしていたことは、前記の江口の文章から伺える。

4　プティジャン版挿絵のモデル――土山湾刊書籍

『玫瑰花冠記録』の挿絵16枚の手本は長く知られていない。海老沢は「何れその手本になつた十五玄義図があつた事であらうが、その画家・図案家と共に未だ知る事を得ない。ご教示に俟つ」と1943年に書いている[35)]。高祖敏明もその16枚の挿絵は「人物は西洋人の風貌であるが、周囲には日本的な図柄による縁取りが施されている」として[36)]、「何らかの手本があったにしても、新たに作成されたもの」だと2012年に指摘している[37)]。

いま、『ろざりよ十五のみすてりよ図解』と『玫瑰花冠記録』との口絵を除く15枚の挿絵は、1869年に土山湾「慈母堂」出版の『玫瑰経図像

34) *Les Missions Catholiques*, No. 699, 1882年10月27日, pp. 514-515.
35) 海老沢有道『切支丹典籍叢考』拓文堂、1943年、129頁。
36) 高祖敏明『本邦キリシタン布教関係資料（一八六五－一八七三年）プティジャン版集成　解説』97頁。
37) 同上、120頁。

十五端』の挿絵（ヴァスール作画、木版）の模倣であることは解明されている[38]。

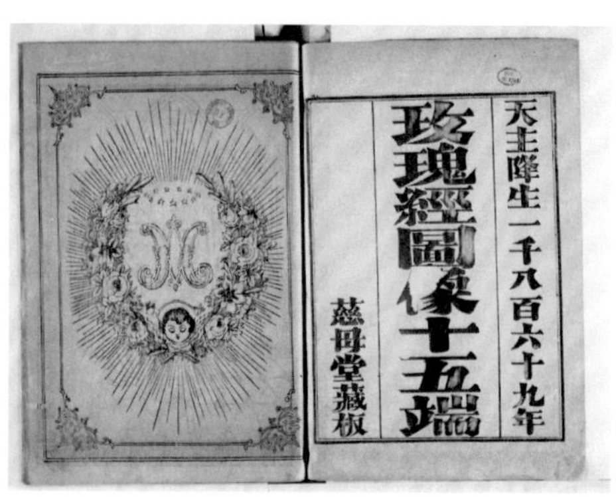

図４　『玫瑰経図像十五端』（慈母堂、1869 年）の表紙と口絵
（フランス国家図書館デジタルコレクション）

アドルフ・ヴァスール神父（Adolphe Henri Vasseur, 1828-1899、漢字名：范世熙）は、フランス・エヴルー県ボルネの出身で、イエズス会の神学校（Collège de Fribourg、Grand Séminiare de Metz）で学び、1858 年に司祭となり、1862 年にイエズス会に入会、1865 年中国南京に渡り、66-67 年は上海徐家匯、67-68 は海門、68-69 は蘇州などに滞在し、1871 年初に帰国。それから 1872 年に北米に行き、翌年にフランスに帰国し、絵画宣教に携わり続けて、1899 年に逝去[39]。

当時の中国は、キリスト教宣教が許可されていたため、活発な宣教活動があった。1858 年前後、上海のカトリック中心地は東部の董家渡にあ

38）郭南燕編著『ド・ロ版画の旅：ヨーロッパから上海～長崎への多文化的融合』

39）原聖「キリスト教絵解き宣教師たちを追って」『ふらんぼー』22 号、1995 年、103 頁；Les Missionnaries, *La Compagnie de Jésus en Chine: le Kiang-Nan en 1869*, Paris: E. De Soye, Imprimeur-éditeur, 1869, p. 310; J. De La Servière, *Histoire De La Mission Du Kiang=Nan*, tome II, Shanghai: Zi-ka-wei, pres` Chang-hai, Impr. de l'Orphelinat de Tóu-sè-wè, 1914, pp. 268, 279, 304, 306.

り、教会と神学校があり、26人の若者が勉学していた。その次の中心地は西南部の徐家匯であり、もう一つの神学校があり、82人の神学生と10人の中国人教師がいた。徐家匯は多くの宣教師が学び、休み、引退後の生活を過ごす場所であった[40]。イエズス会修道士John Ferrer（漢字名：范廷佐、1817-1856）は、1852年に徐家匯で芸術学校を設立したことがある。

徐家匯と至近距離にある土山湾孤児院は1864年に美術工房を設立した。担当教員は宣教師と芸術学校の学生たちであった。1872年、芸術学校は土山湾に引っ越され、孤児院の美術工房と合併して「土山湾画館」と称された[41]。孤児たちは美術、音楽、印刷、工芸などを学び、印刷工房で印刷した数々の宣教書物と絵画を世界中に流布させた。江南地域に滞在した時期のヴァスールは、土山湾工房と密接な関係をもち、1870年に土山湾孤児院の絵画指導責任を担当していた[42]。

1884年にパリで出版されたヴァスールの著書『中国雑録』（第1巻）に[43]、ヴァスールの作品リストがあり、「江南宣教、土山湾孤児院、中国現地画像カタログ、徐家匯在住宣教師イエズス会士ヴァスール（范神父）により1868年に考案、作画されるもの」と題されている。本書によれば、ヴァスールはまず絵を描き、それから工房の生徒たちは木版を彫り、印刷し、印刷した墨刷の図を着色する。ヴァスールの作品リストにある

40) Ecclesiastical, "Statistic of the Catholic Mission in The Province of Kiangnan, Made in July, 1858", *The North-China Herald*, No. 438, December 8, 1858, p. 78.

41) 張偉「土山湾画館初探」黄樹林編『重拾土山湾碎片』下、上海錦繡文章出版社、2013年、253-254頁。

42) "Les archives de la Province de France" に基づく李丹丹「清末耶蘇会士芸術家范世熙：発軔於土山湾孤児院的天主教図像集研究」（博士学位論文、2015年5月に中国美術学院に提出）、10頁。

43) P. Vasseur, S. J. *Mélanges sur la Chine, Premier volume, Letters Illustrlées, sur une Ecole Chinoise de Saint-Luc, auxiliaire, De la propagation de la foi,* Paris: Société Générale de la librairie Catholique, Palmé, Editeur, 1884. 書名の意味は「中国雑録第1巻、絵入書簡集、信仰宣伝を補助する中国聖ルカ学校について」という。

作品の制作に3年間かかり、1868年までに出来上がり、合計6冊の絵入り本、167枚の作画があり、家庭用と祭壇用に供される[44]。

ヴァスールの絵は、中国、インド、日本、フィリピン、アメリカの宣教に使用され、大司教もローマ教皇もヴァスールの絵を祝福し、中国各地の教区、「日本のプティジャン司教」や北米の教区などからも慶祝を得た[45]。ヴァスールの絵入り本の最初の印刷部数は65,000で、そのうちの7,000部は中国、インド、日本、オセアニア、シリア、アメリカ大陸で使用されているという[46]。つまり、プティジャン司教はヴァスールの絵を熟知し、ヴァスールの絵画を日本へ持ち込んでいたことが推定できる。

ヴァスールの挿絵とプティジャン版の挿絵をまず比較してみよう。「聖母懐妊」をテーマとする『玫瑰経図像十五端』の「聖母領天主降孕之報」（画像5）と、プティジャン版『ろざりよ十五のみすてりよ図解』の「悦五ケ條之第一」（画像6）は、天使と聖母の相互位置、天使のもつ百合の花はほぼ同じで、背景にあるアーチ形の回廊、聖霊を意味する鳩、遠方の山並みが描かれている。しかし、ヴァスール絵の天使と聖母の衣服の襞の陰影や頭上の光背は、プティジャン版で簡素化され、前者の回廊の細部と天使の乗る雲は後者では省略されている。

また、キリストの降誕に関しては、『玫瑰経図像十五端』の「吾主耶蘇基利斯督降誕」（画像7）とプティジャン版『ろざりよ十五のみすてりよ図解』の「悦五ケ條之第三」（画像8）は、キリスト、聖母、ヨゼフの配置が似ているが、天使の人数、衣服の襞の陰影、羊飼いの有無、人物の顔立ちなどは異なっている。後者は前者より植物の種類が二、三増えている。

しかし、プティジャン版『玫瑰花冠記録』（1871年か）は、『ろざりよ

---

44) P. Vasseur, S. J. *Mélanges sur la Chine, Premier volume, Letters Illustrlées, sur une Ecole Chinoise de Saint-Luc, auxiliaire, De la propagation de la foi,* p. 32.

45) *Les Missions Catholiques,* No. 413, 4 Mai 1877, pp. 216-217.

46) *Les Missions Catholiques,* No. 457, 8 Mars 1878, p. 117.

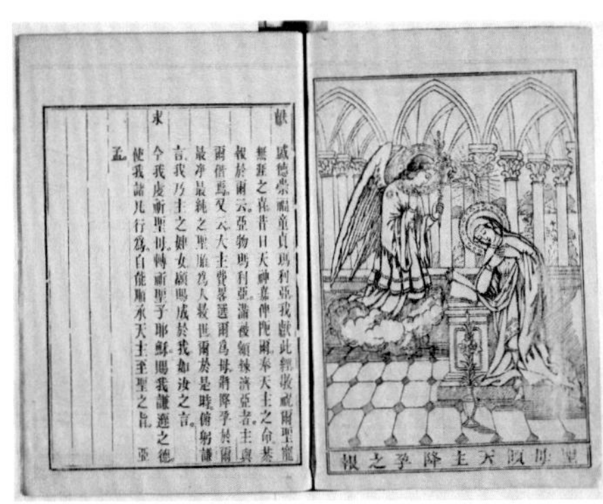

図5　第1『玫瑰経図像十五端』の「聖母領天主降孕之報」

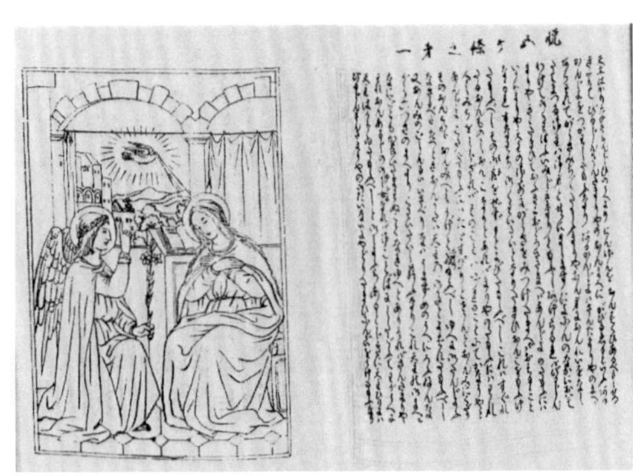

図6　プティジャン版『ろざりよ十五のみすてりよ図解』の「悦五ケ條之第一」

十五のみすてりよ図解』にない動植物の文様を多く取り入れていることに注目すべきである。キリストのゲッセマネの祈りをみてみよう。『玫瑰経図像十五端』の「圃中祈祷汗血」（園で祈り、血の汗が流れる）（画像9）と『ろざりよ十五のみすてりよ図解』の「悲五ケ條之第一」（画像10）、『玫瑰花冠記録』の装飾付きの挿絵（画像11）を比較してみよう。

『玫瑰経図像十五端』と『ろざりよ十五のみすてりよ図解』における使徒三人の配置は似ているが、キリストと天使の位置は前者が右上、後者が左上、前者にある衣服の襞の陰影、天使周辺の雲、兵隊、大樹は、後

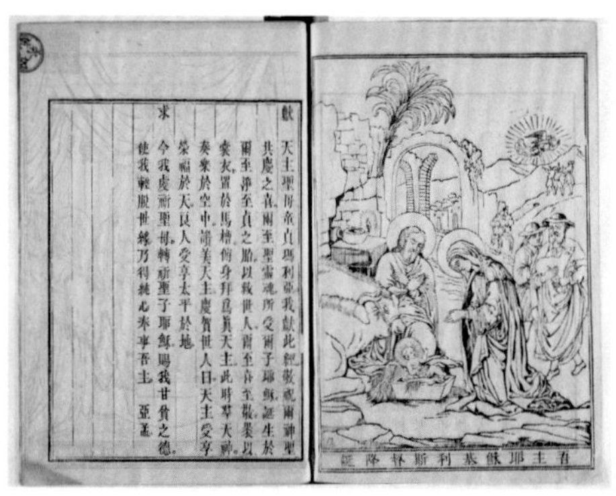

図7 『玫瑰経図像十五端』の「吾主耶蘇基利斯督降誕」

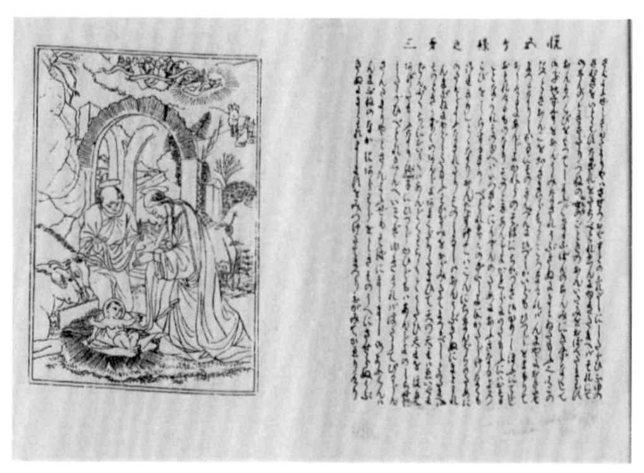

図8 プティジャン版『ろざりよ十五のみすてりよ図解』の「悦五ケ條之第三」

者では省略されている。

この簡素化された『ろざりよ十五のみすてりよ図解』の挿絵は、『玫瑰花冠記録』においては濃厚な装飾性をもっている。松、鶴、五位鷺（ごいさぎ）、日輪、雲青海（くもせいかい）[47]は、逮捕直前、必死に祈るキリストの行方（天国）を象徴している。このようにヴァスール絵に由来したプティジャン版の挿絵は、手本の構図を簡略しながら、日本人読者が馴染みやすい和風の文様を多用していたことがわかる。

47）文様名は、熊谷博人編著『江戸文様図譜』（クレオ、2007年）を参照。

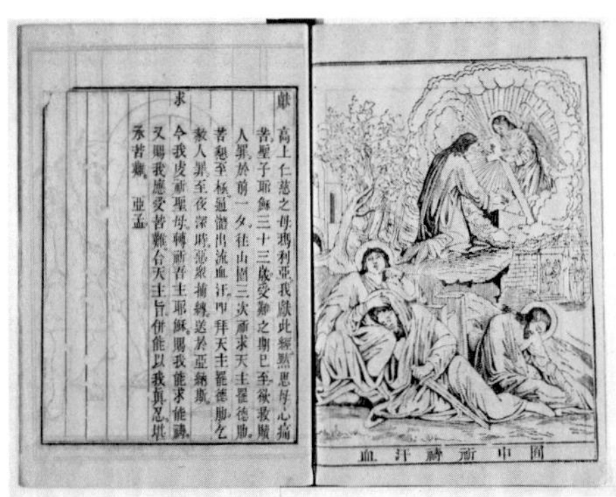

図 9　『玫瑰経図像十五端』「圜中祈禱汗血」

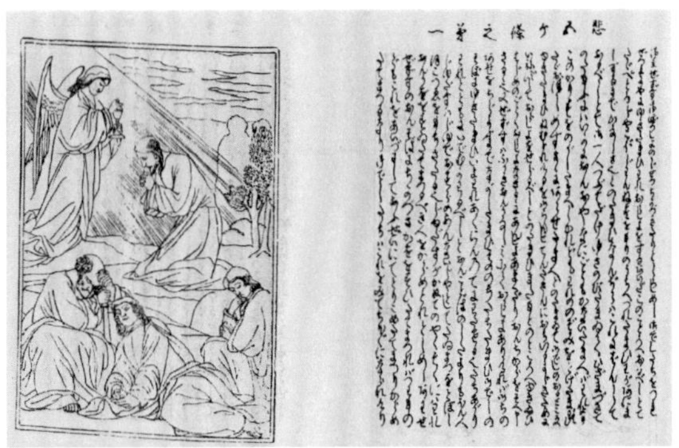

図 10　『ろざりよ十五のみすてりよ図解』の「悲五ケ條之第一」

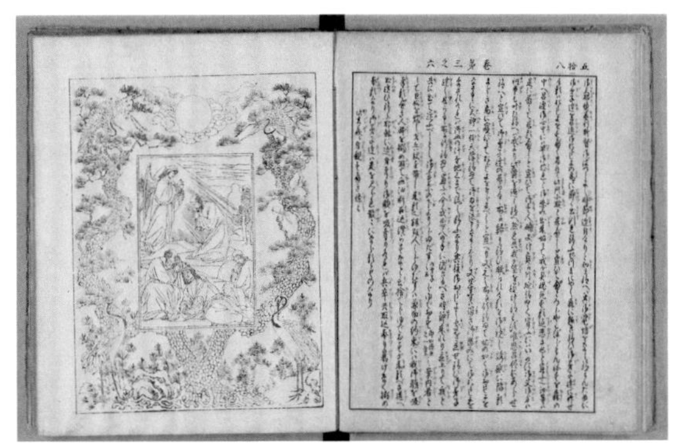

図 11　『玫瑰花冠記録』の縁付きの挿絵

図12 『中国雑記』掲載の「揀選主母」(主の御母を選ぶ)

この和風文様の使用は、ヴァスールの豪華な中華文様の装飾とも相似している。たとえば、「ヴァスール作品リスト」の73番の「Immaculée Conception」(揀選主母)(画像12)は梅の花のほかに、昆虫類の蜂、蝶、蟷螂、蝉、甲虫と、鳥類の鸜鵒、鵲（かささぎ）、燕、百舌の模様がふんだんに用いられ、幸多き聖母像を作り上げている。

以上のことを考えれば、次のことが言えるのではないかと思う。すなわち、ド・ロは、1869年11月ごろ、前記の森松次郎がマニラで手写して長崎に持ち帰った『玫瑰花冠記録』[48]を見ながら、ヴァスールの数々の絵と『玫瑰経図十五端』の挿絵を参考にして、『玫瑰花冠記録』の挿絵を考案したのではないかと思われる。実際に絵師に頼んだのは、ド・ロが1870年に横浜に引越し、1871年阿部が上海から帰国してからの時期だろう。

このように土山湾刊行のヴァスールの絵をモデルにしたプティジャン版の挿絵は、徐々に「ド・ロ版画」の誕生に発展していった。

48) 海老沢有道『維新変革期とキリスト教』193頁。

5　ド・ロ版画のモデル

「ド・ロ版画」（10点）は1875年ごろ長崎の大浦天主堂付設の神学校で制作されたものと思われる。これら10点が、土山湾印書館刊のヴァスールの絵を手本としたことは、最近の研究でより詳しくわかった。

内容的にはキリスト教聖人を表現する5点の「イエズスの聖心」「聖母子」「聖ヨゼフ」「聖ペトロ」「聖パウロ」と、教理を図解した5点の「悪人の最期」「地獄」「復活と公審判」「煉獄の霊魂の救い」「善人の最期」である。聖人像5点は現在、大浦天主堂キリシタン博物館および他の施設に収蔵されている。教理図解の彩色付きで5点一揃いで現存しているのは、大江天主堂（天草市）と「お告げのマリア修道会」本部（長崎市）の収蔵品だけである。以下の図像（13、14、15、16、17）は、「お告げのマリア修道会」の収蔵品である。小文は主にこの5点を検討する。

教理図解5点の手本はヴァスールの作品リストにある、「La Bonne mort 善終」、「La Mauvaise mort 悪終」、「La Purgatoire 煉獄」、「Le Jugement 審判」、「L'Enfer 地獄」である。5点が挿絵としてすべて入っているのは『聖教聖像全図』（1869年、画像18、19、20、21、22、23）、「審判」と「地獄」のみが入っているのは『救世主実行全図』（1869年）、「善終」のみが入っているのは冊子『教要六端全図』（1869年）である。これら5点はさまざまな書籍に掲載され、土山湾だけではなく、フランスでも印刷されていた。

上記の3冊『聖教聖像全図』『救世主実行全図』『教要六端全図』が長崎に渡り、大浦天主堂に収蔵されていたことは確認できている[49]。つま

49）柴田篤「明清期天主教漢籍流入の一形態：長崎大浦天主堂附属羅甸学校旧蔵書について」「長崎大浦天主堂附属羅甸学校旧蔵明清期天主教漢籍目録稿」柴田篤（研究代表）『幕末明治期における明清期天主教関係漢籍の流入とその影響に関する基礎的研究』九州大学文学部、1993年、10、23頁。

図 13　悪人の最期

図 14　地獄

図 15　人類の復活と公審判

図 16 「煉獄の霊魂の救い」

図 17　善人の最期
（お告げのマリア修道会本部収蔵）

り、プティジャンとド・ロはこれらの３冊を実際見ていたのだろう。また、ヴァスールの一枚刷絵（120cm × 65cm）の「善終」「悪終」「煉獄」「審判」「地獄」のを目にした可能性もある。それらの絵は「お告げのマリア修道会」に現存し、同修道会収蔵の「ド・ロ版画」のサイズ（121cm × 81cm）に近い。ド・ロ版画の絵師がこれら一枚刷を手本に下絵を作った可能性が高い。

図 18 『聖教聖像全図』表紙（フランス国家図書館デジタルコレクション）

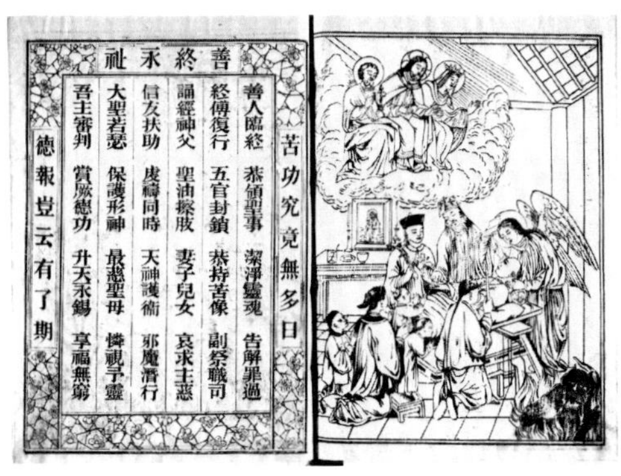

図 19 『聖教聖像全図』「善終」

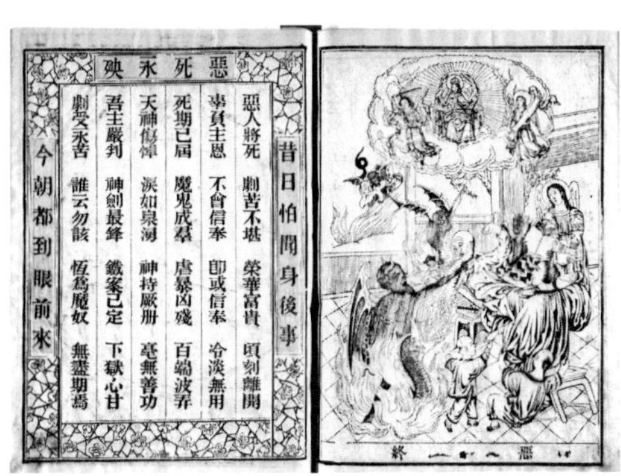

図 20 『聖教聖像全図』「悪終」

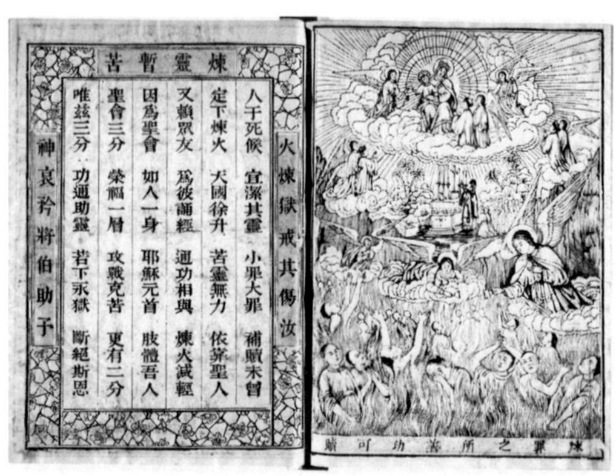
煉靈暫苦

火煉獄戒其傷汝

人于死候 宜潔其靈 小罪大罪 補贖未曾
定下煉火 天國徐升 苦靈無力 依靠聖人
又賴眾友 爲彼誦經 通功相與 煉火減輕
因爲聖會 如人一身 耶穌元首 肢體吾人
聖會三分 榮福一層 攻戰克苦 更有二分
唯茲三分 功通助靈 若下永獄 斷絕斯恩

神哀矜將伯助予

図 21　『聖教聖像全図』「煉獄で善行が贖われる」

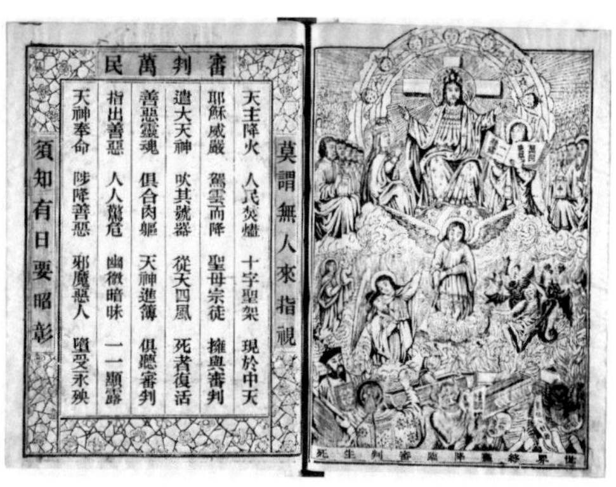
審判萬民

莫謂無人來指視

天主降火 人民焚燼 十字聖架 現於中天
耶穌威嚴 駕雲而降 聖母宗徒 擁與審判
遣大天神 吹其號器 從天四風 死者復活
善惡靈魂 俱合肉軀 天神進簿 俱聽審判
指出善惡 人人驚危 幽微暗昧 一一顯露
天神奉命 陟降善惡 邪魔惡人 墮受永殃

須知有日要昭彰

図 22　『聖教聖像全図』「世界終了、イエス降臨、生死審判」

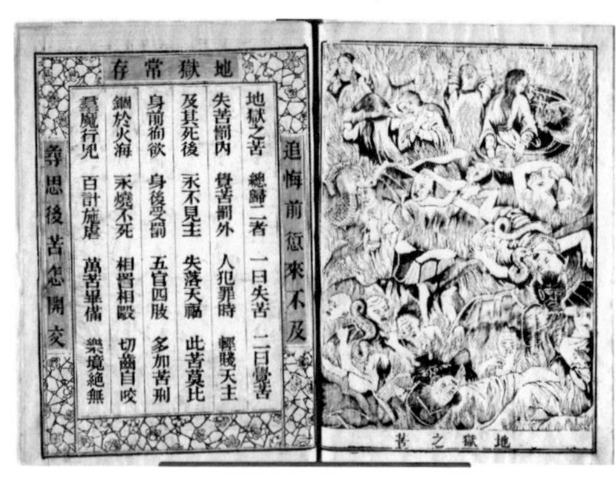
地獄常存

追悔前愆來不及

地獄之苦 總歸二者 一曰失苦 二曰覺苦
失苦罰內 覺苦罰外 人犯罪時 輕賤天主
及其死後 永不見主 失落天福 此苦莫比
身前徇欲 身後受罰 五官四肢 多加苦刑
錮於火海 永燒不死 相罵相毆 切齒自咬
羣魔行兇 百計施虐 萬苦畢備 樂境絕無

尋思後苦怎開交

図 23　『聖教聖像全図』「地獄の苦」、ド・ロ版画の「地獄」の手本

以上をまとめれば、1868〜1869年の長崎滞在中のド・ロは、ヴァスールの絵を見ていたし、1870〜1873年の横浜滞在中、プティジャン版『玫瑰花冠記録』と『ろざりよ十五のみすてりよ図解』の制作とともに、ド・ロ版画の構図をも決めていたのだろう。ド・ロは、1873年に横浜から長崎の大浦天主堂に戻ってから、ヴァスールの絵を手本に、木版画の制作を主導するようになったと推定できよう。

6　ド・ロ版画に関する先行研究

約80年前から始まったド・ロ版画に関する研究成果を時間順に列記する。

1. 永見徳太郎は「長崎版画切支丹絵」『浮世絵界』1938年3月。
2. 片岡弥吉「印刷文化史におけるド・ロ神父」『キリシタン文化研究会会報』9(2)、1966年。
3. 小野忠重『江戸の洋画家』三彩社、1968年。
4. 樋口弘編著『長崎浮世絵』味燈書屋、1971年。
5. 片岡弥吉『ある明治の福祉像：ド・ロ神父の生涯』日本放送出版協会、1977年第1刷、1996年第3刷。
6. 越中哲也「表紙のことば：ド・ロ版画（一）」『長崎談叢』第65輯、1982年
7. 出津カトリック教会（田中用次郎編集委員）編集、発行『出津教会誌』1983年。
8. 江口源一「ド・ロ様と出津文化村」『長崎談叢』77輯、1991年1月、104-107頁。
9. 江口源一『ドロさま小伝』著者発行、1993年。
10. 原聖「キリスト教絵解き宣教師たちを追って」『ふらんぼー』22号、1995年、97-107頁。
11. 原聖「ドロ神父の絵解き」『女子美術大学紀要』26号、1996年、71-93頁。
12. HARA, Kiyoshi, “The Image Narrative by the father De Rotz (1840-1914): encounter moment of the cultural traditions between Brittany and Japan,” *Celtic Forum*, No. 1, 1996, pp. 2-12.
13. 原聖「キリスト教絵解き説教の系譜をめぐって」『絵解き研究』13号、1997年、27-43頁。

14. 原聖「キリスト教絵解きと日本」『立教大学日本学研究所年報』2003年3月、138-148頁。
15. 原聖「キリスト教の絵解き」『国文学解釈と鑑賞』2003年6月号、180-188頁。
16. 原聖「近世キリスト教と唱導」『国文学解釈と鑑賞』2007年10月号、82-90頁。
17. 原聖「日本に入ったキリスト教絵解き」『アジア遊学』(キリシタン文化と日欧交流) 127号、2009年、189-205頁。
18. 原聖「キリスト教絵解きの伝播──東アジア地域を中心として──」林雅彦・小池淳一編『唱導文化の比較研究』岩田書院、2011年、203-219頁。
19. 原聖「研究大会報告概要　民衆文化としての絵解き：キリスト教絵解きの比較文化論」『日本仏歴史学会会報』28号、2013年6月、57-60頁。
20. 原聖「民衆版画の中のキリスト教絵解き」林雅彦編『絵解きと伝承そして文学：林雅彦教授古稀・退職記念論文集』方丈堂出版、2016年、?-?頁。

絵解きの角度からド・ロ版画をもっとも多く研究しているのは原聖である。氏はフランス・ブルターニュ地方の絵解きの伝統とド・ロ版画との相似性、手本となったヴァスール絵との関係に関する論考を次から次へと発表している。小文は、先行研究に負いながら、ド・ロ版画の制作時期と制作者についてもう少し検討していきたい。

ド・ロは、1873年に長崎に戻り、1879年以降、外海地方に赴任し、黒崎村の主任司祭になるまで[50)]、約6年間長崎の大浦天主堂付近の司祭館に滞在した。その間、木版画10枚の制作を主導したと思われる。その版木10枚が旧羅甸神学校の倉庫に収められ、現在、大浦天主堂キリシタン博物館に収蔵されている。

1875年10月、ド・ロの設計による神学校(大浦天主堂のとなり)が新築された[51)]。ド・ロ版画の印刷もその時期だとされている。パリ外国宣教会年報(1915年)に掲載された「ド・ロ神父小伝」は、「新しい建物

50) 外海町役場編集、発行『外海町誌』1974年、288頁。
51) 中島政利『福音伝道者の苗床：長崎公教神学校史』聖母の騎士社、1977年、31頁。

の一部屋に印刷機をおいて、書籍や、聖母マリア、聖ヨゼフの大きな聖画、十字架の道行を印刷した」という記述がある[52)]。印刷が1875年以降なら、その前に版木作り、さらにその前に下絵作りがあったことは推定することができる。江口源一はその版画作成の時期を1873年から1875年までとしている[53)]。

ド・ロ版画の制作期を「1874年」と記す説もある。『キリシタンの美術』の口絵はド・ロ版画の「善人の最期」であるが、「よいキリシタンの臨終」という題名をつけて、次のキャプションが付されている。「原画は1856年（安政3年）頃，上海でバザール師（A. Vasseur S. T.）によって描かれた木版画，明治七年（1874）頃日本風俗にかき直されて長崎辺で教会掛図として布教説明に用いられた」と書かれている[54)]。「1874年」ということの根拠は示されていない。また二つのミスがある。一つは実際ヴァスールが上海へ到着したのは1867年であり、1856年ではなかったこと。もう一つはイエズス会の略称はS. J.であり、「S. T.」ではないこと。ただ、「日本風俗にかき直されて長崎辺りで教会掛図として布教説明に用いられた」という文言は、ド・ロ版画の展示法と使用法を示すことになる。

ド・ロ版画の存在にまず注目したのは美術史家永見徳太郎である。永見は1930年代、大阪で「悪人の最期」の鑑定を頼まれたことがある。「それを、一寸拝見すると、外人の筆跡に似てゐるが、何んとなく、長崎の香りが、画面に躍如としてゐるのである。そして其の大版画は軸に仕立てゝあつて、明治初年の作品と認め」ている。その後、東京で「善人の最期」を見た。さらに大浦天主堂の物置中にそれらの版画の版木があることを知らせられた[55)]。永見は10枚の画題を「イエススの聖心、聖母マ

52）片岡弥吉『ある明治の福祉像：ド・ロ神父の生涯』65-66頁。
53）江口源一『ドロさま小伝』198頁。
54）千沢楨治、西村貞、内山善一編『キリシタンの美術』宝文館、1961年、2頁。
55）永見徳太郎「長崎版画切支丹絵の報告」『浮世絵界』3巻3号、1938年3月、7-9

リア、聖ヨゼフ、聖ペトロ、聖パウロ、天国と煉獄、地獄、善人の最後、悪人の最後、公審判」と名づけた[56)]。

のちに片岡弥吉はカトリックの用語にしたがって再命名した。すなわち「イエズの御心、聖母マリア、聖ヨゼフ、聖ペトロ、聖パウロ、煉獄の霊魂の救い、善人の最期、悪人の最期、地獄、人類の復活と公審判」[57)]と。

版木については、永見は「桜材を用ひ、四枚或は五枚を以つて、つなぎ合はせて」おり、仕上がりの画面大は「横約二尺八分、縦約四尺二寸一分、十種とも同様で、何れも縦絵」[58)]と書いている。彫刻師の姓名は不詳だが、「大した変わつた彫でもないが、大体巧妙な出来上りと見ていゝ」として、10枚とも縦絵で画面の寸法は同じで、「唐紙らしい。破損しやすいためであらうカンレイ紗を裏から貼つて」おり、仕立ては「掛け図で、木製の簡単な轆轤細工の軸がついてゐる」[59)]と記録している。

永見はこれらの絵の手本について、「支那は、早くより切支丹浸入の国柄で、そこに作製された切支丹絵が、現存してゐる。その影響をうけたと見做していゝ様な筆法等が画面に表現されてゐる。或は支那絵を手本としたので有らうか」[60)]と推測している。卓見である。中国で制作されたカトリックの絵画からの影響をいち早く認めたのである。

永見は画中の人物については、「浦上独特のシャツが描かれてあるなぞ、注目す可きである。又神以外の描かれた人物が日本人であり、チョ

頁。大浦天主堂で版木の存在を1937年ごろ教えたのは浦川和三郎神父である。樋口弘編著『長崎浮世絵』味燈書屋、1971年、93-94頁。

56) 永見徳太郎「長崎版画切支丹絵の報告」『浮世絵界』11頁。

57) 片岡弥吉『ある明治の福祉像：ド・ロ神父の生涯』64頁。

58) 永見徳太郎「長崎版画切支丹絵の報告」『浮世絵界』11-12頁。版木のつなぎ合わせは、大浦天主堂キリシタン博物館の研究課長内島美奈子氏のご協力で2018年7月に確認できた。

59) 永見徳太郎「長崎版画切支丹絵の報告」『浮世絵界』11-12頁。これは、「お告げのマリア修道会」の収蔵品で部分的に確認できている。

60) 永見徳太郎「長崎版画切支丹絵の報告」『浮世絵界』13頁。

ン髷、ザンギリ頭がゐるのは、明治初期の風俗が点頭されやう。（略）悪人の最後は、十字架でなく日本の神を祭り、悪魔に苦しめられてゐるのである。宗教開拓の為め、切支丹の有難味を強調して示したので有らう」と解釈し、「墨摺の上に筆彩色をほどこしたのであるから、衣服の縞模様や火焰の如きは、叮嚀に描いてある」[61]と観察している。その後、永見は10種の板木を全部墨刷りして、一組みを大浦天主堂に納め、何組かを希望者にわけたことがある。つまり、ド・ロ版画は、明治初期から50年後になって、再び世に出たことになる[62]。

永見の執筆時期に近い記録は、中村近蔵による回想（1943年）である。中村は1859年生れで、ド・ロが長崎に到来した1868年の時、わずか九歳であった。1875年10月にド・ロ設計の神学校の建物が竣工され、一期生として入学したが、健康が優れないため、神職者になる道を諦め[63]、その後、ド・ロの片腕として宣教、教育、産業、救済などのさまざまな活動にたずさわり、神父とともに大きな功績を立てた人物である。

中村の書いた「明治初年の開拓者ド・ロー師を憶ふ（一）」は、ド・ロ版画に言及している（下線部）。

> 正規通りに神学校として授業を開始するに至つたのは、明治十年十月であつた。この二ケ年間に、ド・ロー師は活版機械を新校舎の一室に据ゑつけた。こゝは後の生徒食堂で、師は訳文校正係と画師とを雇ひ入れ、聖教初学要理や祈祷書、聖母マリヤ、聖ヨゼフの大きな御絵、十字架の道行の御絵等を発行した。これによつてみると今、大浦天主堂に秘蔵されてある十枚の木版、四終に関するものが五枚、主の聖心、聖マリア、聖ヨゼフ、聖ペトロ、聖パウロの五枚は当時の制作に係るものと思はれる。たゞ十字架の道行の御絵は石版刷で

61）同上、13頁。
62）片岡弥吉『ある明治の福祉像：ド・ロ神父の生涯』64頁。
63）田中用次郎「外海町出津の信者：中村近蔵・島崎近太郎おぼえ書」『長崎談叢』61号、1978年3月、24頁。

あつたか、木版かはつきりしない。[64)]

つまり、中村は「四終」(死、審判、地獄、天国)をテーマとする木版画5枚の印刷過程を直接見ていたわけではないが、その時の制作ではないか、と推測しているのである。これは前記のパリ外国宣教会年報掲載の「ド・ロ神父小伝」の記述とも一致している。ド・ロ木版画10枚は、長崎県によって1977年1月15日に県文化財と指定されている[65)]。

ド・ロ版画の絵師については謎が深い。永見徳太郎は「長崎市酒屋町に住居の絵師の描いたと言はれるだけで、相当の調査を試みたが、姓名は依然不明で有る」[66)]としている。片岡弥吉によれば、永見はのちに、絵師について「酒屋町に住んでいた画人」という伝承が大浦天主堂にあることから、川原慶賀の孫田口盧慶ではないかと推定したことがある。片岡はさらに、「長崎区酒尾町四三番戸宮崎惣三郎の署名」のある「農耕図」など16枚がド・ロ記念館に収蔵されているため、ド・ロ版画の絵師は宮崎か田口ではないかと想定している[67)]。

一方、越中哲也は片岡が宮崎惣三郎と想定し、永見が田口盧慶と想定していたことを理由に、宮崎惣三郎はすなわち田口蘆慶だという結論を出しているが[68)]、根拠は十分ではない。

川原慶賀(1786～?)は、『浮世絵大事典』によれば、「幕末の長崎派画家であり、出島出入絵師としてシーボルトをはじめとしたオランダ商館員のために、植物・動物・魚介類の写生図や、記録的に描かれた日本の風俗図制作をする一方、日本人向けに出島風俗や唐人・蘭人を描いた

---

64) 中村近蔵「明治初年の開拓者ド・ロー師を憶ふ(一)」『声』No. 810、1943年9月、44頁。

65) 長崎県教育委員会『長崎県文化財調査報告書　第48集　長崎県歴史資料調査キリシタン関係資料』長崎県教育委員会発行、1980年、41-42頁。

66) 永見徳太郎「長崎版画切支丹絵の報告」11頁。

67) 片岡弥吉『ある明治の福祉像:ド・ロ神父の生涯』66頁。

68) 越中哲也「表紙のことば:ド・ロ版画(一)」『長崎談叢』第65輯、1982年。

もの、西洋画の趣を加えた唐絵風の花鳥図等、異国趣味に応える作品や写実的な肖像画を描いた。息子盧谷(ろこく)親族と思われる盧慶、玉賀の号をもつ川原忠吉等、周辺に肖像画、長崎版画、植物図譜の制作を行なった画家がおり、工房的制作が行われていたことが推測される。また慶賀の風俗画を原本とした長崎版画が作られ広く流布し」、のちに田口と名乗った、と紹介されている[69)]。

川原慶賀の子田口盧谷（?～1872）は、写実的風景画を得意とし、西洋画風を用いた写実的肖像画を能くし、死去の場所は酒屋町だといわれる[70)]。「酒屋町」は上記のように、永見徳太郎が伝聞で知ったド・ロ版画の絵師の住居地でもある。

田口盧谷の子とされた田口盧慶は、小野忠重によってド・ロ版画の下絵の絵師と断定されているが、根拠は示されていない。「慶賀の子田口芦谷も画才あり、「シーボルト像」、ことに「オランダ男女図」で父にない軽妙な水墨画の筆あとをのこすにしろ、じゅうぶんに画筆をふるう基盤を得られずに明治三年没し、その子芦慶は、現に大浦天主堂にのこる布教用版木の下絵画家としてとどまる」という[71)]。

樋口弘の著書『長崎浮世絵』は、ド・ロ版画は「長崎浮世絵」を継承したものとみて、「盧慶は川原香山、川原慶賀、田口盧谷の血のつながる長崎の紅毛派画人、あるいは長崎板下絵師の最後の人といわねばならない。即ち長崎板画は明治になって滅びたが、長崎の板画技術はキリスト教板画として、明治になって継承されたのである」と考えている[72)]。

---

69) 国際浮世絵学会『浮世絵大事典』東京堂出版、2008 年、151 頁。
70) 同上。
71) 小野忠重『江戸の洋画家』三彩社、1968 年、113 頁。
72) 樋口弘編著『長崎浮世絵』味燈書屋、1971 年、93-94 頁。

むすび

ド・ロ版画は手本のヴァスール絵と同じように、公教要理の教育と宣教に使用されていた。長崎大教区の野下千年神父（1937 年生）によれば、五島地域では、伝道婦がド・ロ版画の軸を丸めて携帯して、毎月島を歩き回り、子供たちをあつめて、キリスト教の教義を教えていた。また教会の主な祝祭日には、祭壇の両側に版画を飾ったことがある。しかも両側の版画を相互に交替して飾り直すこともある[73)]。原聖によれば、ド・ロ版画は 1960 年代まで長崎県で使用されていた[74)]。

明治期、パリ外国宣教会は日本布教を主に担当し、北海道から鹿児島まで積極的に宣教活動を行うとき、ヴァスールの絵とド・ロ版画を頻繁に用いていたことは想像できる。現在、ド・ロ版画は名古屋のカトリック主税町教会で飾られている。これも、明治初期のパリ外国宣教会の司祭ツルペン師（1853-1933）[75)] が使用していたことを意味するだろう。管理担当の司祭によれば、ド・ロ版画は 1964 年ごろまで祭壇の両側に飾られ、祭壇の右側は「地獄」で、左側は「悪人の最期」であった。現在、この二点は聖堂の隣りの「信者会館」に収蔵され、毎年の「文化の日」にだけ一般公開されている。

「ド・ロ版画」はまだ謎に包まれている。絵師と彫り師はだれかを突き止めるにはまだ時間がかかりそうである。しかし、上海土山湾を起源としたこと、ド・ロ版画の前奏曲はプティジャン版の絵入り本であることを確認できたことは、「ド・ロ版画」の研究を一歩進めたといえよう。

ド・ロ版画は、五百年の東西の思想、宗教、文化の交流から生まれた

---

73) 野下千年「五島列島のド・ロ版画と堂崎天主堂」郭編著『ド・ロ版画の旅』

74) 原聖「近世キリスト教と唱導」『国文学解釈と鑑賞』2007 年 10 月号、89 頁。

75) 陰山宋編『ツルペン神父の生涯とその思い出』中央出版社、1963 年。

文化的産物である。その道のりを解説したのは、拙編著『ド・ロ版画の旅：ヨーロッパから中国～日本へ』（創樹社美術出版、2019年）である。

从《诵念珠规程》到《出像经解》：纳达尔《福音故事图像》与17世纪中国木版画插图书

董　　丽　　慧

本文以16世纪末安特卫普刻印的铜版画插图书《福音故事图像》在中国的复制和传播为例，对直接受其影响的17世纪中国木版画插图书《诵念珠规程》和《天主降生出像经解》分别进行个案研究，通过对这两部重要的晚明基督教教义插图书的出版背景、出版目的、出版过程、刻印技法、图像改编等问题的探讨，将基督教教义图像还原到其历史、宗教语境中去，不仅从画面形式、审美价值上，也从这些图像的内在意图、宗教背景中，理解西方文化传入中国民间的方式及策略，试图为16、17世纪东西方文化艺术的交流提供一种新的阐释可能性。

一　《福音故事图像》与安特卫普“普朗登工作室”

耶稣会是第一个将教育纳入例行工作的修会，创建者罗耀拉（Ignacio de Loyola）十分注重成员的文化素养和教育的普及。早在成立之初，耶稣会就十分重视“图像”在传教中的作用：罗耀拉在《神操》中强调了中世纪“默想”圣经的方式，而圣像和宗教书籍中的插图则有助于这种想象的建构；最早来到东方传教的耶稣会士沙勿略（Francois Xavier），在历尽艰险的印度（1542年）和日本之行（1549年）中，就携带着宗教版画、油画以及基督和圣母雕像，他还给会友们写信强调基督教图像在与东方人交流中的重要作用；1556年，耶稣会在印度果阿设立出版社，用来印制宗教书籍和插图；1583年，耶稣会又在日本成立了一个专门培养传教士画师的

"画院"，在乔凡尼·尼古拉（Giovanni Nichola）的指导下，培养出了中国华侨倪雅各（Fr. Jacques Neva）等基督徒画家，尼古拉后来还在澳门创建了绘画学校。

出于对印刷出版和复制图像重要性的认识，在罗耀拉的指导下，他的好友兼同会修士哲罗姆·纳达尔（Jerome Nadal）于 1593 年在安特卫普出版了《福音故事图像》（*Evangelicae historiae imagines*）一书。纳达尔从四福音书中选取了若干场景，将其编排成插图，并给每个场景写上注释。整本书共有 153 幅铜版画，由安特卫普威里克斯兄弟中较小的哲罗姆和安东尼·威力克斯（Jerome and Anton II Wierix）、贝尔纳迪诺·帕萨里（Bernardino Passeri）和马尔坦·德·澳斯（Marten de Vos）等人刻印，在安特卫普出版商普朗登（Christophe Plantin）和纳蒂亚斯（Martinus Nutius）的赞助下出版，这一出版工作室也被称为"普朗登工作室"（Officina Plantiniana）。

这本为耶稣会成员制作的弥撒用书，一经出版就受到信徒们的强烈欢迎，被视为"耶稣会灵性上和传教事业上的里程碑"（柯毅霖，1999）[244]。1594 年以后，此书在欧洲多次再版，并更名为《对福音的注释和默想》（*Adnotationes et Meditationes in Evangelia*）。这一更名也可以反映出这本书出版的目的：为罗耀拉所倡导的宗教"默想"服务。此后这本书又在欧洲不断再版，足见其需求量及影响力之大。这本书在欧洲插图史上是一部十分重要的著作，也是首批运用"透视法"绘制的插图书籍之一，对后世《圣经》故事插图的绘制可谓影响深远。

随着"新航路"的开辟和基督教的扩张，《福音故事图像》的影响则不仅限于欧洲。17 世纪正值耶稣会在欧洲大陆以外的传教活动大范围展开之时，于是，这本书跟随传教士一起漂洋过海，不仅出现在了 17 世纪的印度、东南亚、南美洲，还由当地工匠根据不同读图习惯转刻成不同语言、承载不同观看方式的插图小册子，在各个国家和地区的教徒间流传。1598 年 10 月，在韶州传教的龙华民致函耶稣会会长，其中就提到纳达尔神父的这部铜版画插图书，要求将此书寄到中国［（苏立文，1998）[51]，（柯毅霖，

1999)[244, 245, 256]，(汤开建，2001)[124]]。1599年10月，可能是受中国传教团长上利玛窦之托，郭居静也曾在澳门写信向耶稣会会长索要“关于基督生平的图像本新书”，指的应当就是这本《福音故事图像》。根据利玛窦1605年2月在北京的书信可知，至迟到1605年前，这本精美的插图书就已经从海外运至南京、并抵达北京了。

早在受耶稣会委托出版《福音故事图像》前，在西班牙国王腓力二世（Felipe II）赞助下，安特卫普的“普朗登工作室”于1568-1572年曾出版了八卷本铜版插图书《皇家圣经》(Biblia Regia/ Biblia polyglotta)，其中约有图版22幅，也由威里克斯兄弟等人刻印。在《福音故事图像》问世之前，此书也曾受到耶稣会的重视。1580年，耶稣会会长阿瓜维尔（Caudio Aquaviva）将这部圣经插图书带到印度德里，1580-1581年间，罗明坚曾多次写信索要此书（利玛窦，1986b）[427, 434]，至迟到1604年8月15日，这本圣经插图书已被运到北京，在圣母升天节弥撒结束后被展示出来(Sullivan, 1972)[604]。

但是，《皇家圣经》的插图不如《福音故事图像》丰富，后者出版之后，对耶稣会士来说，前者就显得不再那么重要了。利玛窦曾用《福音故事图像》与阳玛诺（Emmanuel Diaz）神父交换了这本刚刚运抵中国的《皇家圣经》。然而，就在阳玛诺把《福音故事图像》带到南昌之后，身在北京的利玛窦很快就对这一交换感到后悔，于是，立即给罗马方面写信，要求再多寄来几本《福音故事图像》(1986b)[300-301]，利玛窦甚至称赞《福音故事图像》的使用价值要高于《圣经》，可见《福音故事图像》在利玛窦眼中的重要性。

正如利玛窦所说，“让中国人直观地看到事物，远比单纯的语言有说服力”，生动而丰富的插图，往往比单纯的文字更能吸引读者的眼球。就《福音故事图像》而言，这些与中国传统视觉方式不甚相同的插图，更能激起深受晚明“尚奇”风潮影响的中国读者的好奇心。然而，带入中国的西文原本毕竟不多，传播方式和范围都十分受限，另外，解说图片的西文往往不能有效引导中国人按照传教士希望的方式“正确”解读图片内涵。鉴于此，在接下来的大半个世纪中，经由中国艺人和工匠的刻印，多个版本的中文《福音故事图像》书在不同的时间、不同历史背景下被大量印制出来，成为晚明基督教图像出版物、尤其是基督教教义插图书的母本，在不同派别的中国信徒、文人学者及社会底层民众中传播。

值得注意的是，到 17 世纪末，仅耶稣会在中国就已有教徒 30 万人［(Standaert, 2001)[100]，(基督教词典，1994)[579]］，那么，即便宗教故事图册不像今天的《圣经》一样在教徒中人手一本，至少，在各地区的小型教会中应当都存有一本或几本这样的书籍，以供祷告、弥撒和默想之用。尤其对耶稣会成员而言，其创始人罗耀拉在类似于会规的指导手册《神操》中特别强调了“默想圣经”的修行方式，其中对圣像和插图的“观看”，是“默想”得以进行的一个重要途径（柯毅霖，1999）[15-16]。而在下层民众中，通过书中的插图理解教义，也往往比文字更为直观便捷。

二　罗儒望与《诵念珠规程》：第一本中文教义插图书的出版与改编

利玛窦在肇庆、韶州、南昌、南京建立四个传教驻地后，于 1601 年终于如愿进京。利玛窦陆续离开这些传教驻地北上后，又有新的耶稣会传教士进入这些驻地继续展开传教工作，其中就包括葡萄牙耶稣会士罗儒望(João Da Rocha 1565/6-1623)[1)]。

1595 年利玛窦离开韶州，打算赴南京传教失败后，退而来到南昌开辟新的传教驻地，于是，由 1594 年入华的意大利耶稣会士郭居静（Lfizaro

1）“João Da Rocha” 又记作 “Jean de la Roque”、“Giovanni Aroccia”，“罗儒望” 又写作 “罗如望”。关于罗儒望生卒年代尚存争议：费赖之（1995）[71] 考证其生卒为 1566 年－1623 年 3 月 23 日；杭州大方井罗儒望墓碑称其卒年为 “天启癸亥年正月十三日”，与费赖之所记相差一个多月（方豪，2007）[124]；荣振华（2010）[295] 则称其生于 1565 年；柯毅霖（1999）[146] 称其生于 1563 年。

Catfino）接替利氏在韶州驻地的工作。1597年7月[2)]，郭居静神父因病暂返澳门，耶稣会遂派已在澳门圣保禄学院学习6年的罗儒望，前往韶州暂时看管这一传教驻地。在圣保禄学院学习期间，罗儒望不仅要攻读神学、学习中文，圣保禄学院还开设了"艺术专科（Curso de Artes）"，那么，虽无罗儒望擅长绘事之记载，至少在澳门学习期间，罗儒望曾受到一定程度的艺术教育浸染。

1597年底，后来接替利玛窦工作的意大利耶稣会士龙华民（Nicolas Longobardi）与郭居静一起回到韶州，此时，小小的韶州驻地就已经有包括罗儒望在内的三位神父了。1598年，利玛窦离开南昌驻地，同郭居静神父一同北上南京，试图为进入北京打开门路。于是，利玛窦派罗儒望从韶州来到南昌，接管此地的传教工作。此后两年间，利玛窦又在南京开辟了新的传教驻地，并于1600年底进京前夕，将罗儒望从南昌再次调派至南京，协助郭居静一同主持南京的传教事务。1600-1609年，在罗儒望等人的努力下，南京教区继续发展壮大，南京教堂也一再扩建。期间，罗儒望还曾为瞿太素、徐光启等著名中国信徒受洗。

关于徐光启皈依基督教的史料记载相对较为丰富，其中有一个细节十分值得注意。为引导徐光启受洗，罗儒望曾向徐光启展示了一幅精美的圣母图像，并解说了其中的奥义，使徐光启顿感"心神若接，默感潜孚"，根据利玛窦回忆录的记载，徐光启遂"马上就决定信仰基督教"[（利玛窦等，2010）[468]，（裴化行，1993）[454]]。明人顾起元也在《客坐赘语》（1617）中，记述了罗儒望在南京展示基督教图像的事实，称罗儒望"其人慧黠不如利玛窦，而所挟器画之类亦相埒"（1995）[193]。据此看来，罗儒望展示的西洋图像很可能与利玛窦类似，既有圣像画，也有插图书籍中的铜版画。结合罗儒望在澳门学习"艺术专科"的经历，可见，罗儒望早已深知基督教图像在传教中的重要作用，并在南京成功实践了这一传教方法。

2）关于罗儒望入华时间，虽则利玛窦回忆录记为1597年，但杭州大方井罗儒望墓碑称其入华时间为"万历甲午年（1594）"。

（1）“南京教难”期间《诵念珠规程》的出版

1609年，罗儒望从南京返回南昌，接管南昌两座“装饰以救世主像和圣母像”的小教堂[3)]［（裴化行，1993）[591-592]，（萧若瑟，1932）[283]］。1609-1616年间，罗儒望一直在南昌传教。直到1616年因“南京教难”的波及，才离开南昌转而避难至江西建昌一教民家中。罗儒望在建昌一地传教成果颇丰，邓恩称其从“南昌被迫出走”实乃“塞翁失马”，罗儒望不仅在建昌得到了当地教民的热情款待，还得到一所房子用于礼拜，后来建昌成为“最好的传教地之一”（邓恩，2003）[123]。那么，在宗教仪式和传教过程中，应当有向中国人展示基督教“圣像”、传阅基督教插图书籍的环节。1616-1622年间，为避教难，除到建昌开教外，罗儒望还辗转至福建漳州开教，后又被派往江苏嘉定，建立了当地第一座教堂，之后又被迫避难至杭州杨廷筠家，在杭州还向徐光启呈递了为“南京教难”平反的上奏草疏。1622年，龙华民辞去中国传教区会长一职，由罗儒望替代，但不久之后，罗儒望就在杭州辞世。徐光启闻之，“全家持服，如遭父丧”，足见罗儒望在当时国人中之声望。

1616-1622年辗转避难期间，罗儒望出版了《天主圣教启蒙》（1619）和《诵念珠规程》二书，均为以“对话体”写成的基督教教义。荣振华提到，罗儒望在南昌府时，就已经开始“将葡萄牙文教理书译作汉文”（2010）[295]，指的应当罗儒望将葡萄牙文《教理单元》（La Doctrina Crista）译为中文《天主圣教启蒙》一事。那么，应当迟至南昌传教期间，罗儒望就已经开始了这些出版物的准备工作[4)]。《教理单元》是耶稣会第一部葡萄牙文书籍，是“专门为年轻人和乡村里的人写的”（柯毅霖，1999）[146]，罗

3）同年，刚从南京回到南昌的罗儒望，出版了《天主圣像略说》一书，尽管题为“圣像略说”，但此书中并未收录“天主圣像”的插图。

4）根据利玛窦的书信，至迟在1605年2月以前，在南京传教的罗儒望就已在南京看到了《福音故事图像》那么，有可能从这时开始就已经准备《诵念珠规程》一书的出版了。

儒望选择翻译这种比较浅显易懂的读物，应当是考虑到了当时在华传教所面对的读者。

《诵念珠规程》一书的作者和成书时间，尚存争议。关于此书成书时间，主要有1617、1619、1619-1624年等说法[5)]，可见，此书应当是在"南京教难"（1616-1622/3）期间、或之后不久出版的。关于此书作者，大部分学者采用德礼贤的看法，即此书为罗儒望所作，但也有学者认为，其作者可能是与罗儒望同时代的耶稣会士傅汎际（Francisco Furtado）或费奇观（Gaspar Ferreira）。然而，根据费赖之的研究，傅汎际于1620年始抵澳门学习中文（费赖之，1995）[157]，不大可能在1619年就出版中文著作。从《天主圣教启蒙》与《诵念珠规程》的合订本署名"耶稣会后学罗如望、费奇观述"来看，莫小也认为其意为作者姓名排序与两卷书籍先后次序相对应，因此得出结论："罗氏作《圣教启蒙》、费氏作《诵念珠规程》的可能性最大"（2002）[112]。但是，这并不排斥另一种可能性，那就是，两卷书籍均为罗氏所作，费氏可能在其中有所参与，因此其名位列第二。观费奇观生平，1607年至南昌，1612年至韶州（荣振华，2010）[146]，二地均为罗儒望所到之处，只是时间上二人并无重合，直到1616-1622年"南京教难"期间，费奇观有可能与罗儒望在江西建昌一同避难，费奇观还曾在建昌建教堂一座（费赖之，1995）[83]。既然《诵念珠规程》一书的出版时间在"南京教难"期间或不久之后，那么，此书确有可能是罗儒望与费奇观在建昌期间合作完成的。另外，莫小也称《诵念珠规程》一书"可能在南京刊印"（2002）[111]，柯毅霖也称此书是罗儒望在南京委托中国画家刻印的（1999）[248]，然而，鉴于费奇观在"南京教难"期间、且直到1634-1635年间，仍在建昌活动，之后又赴河南、广州传教［（费赖之，1995）[83]，（荣振华，2010）[146]］，那么，由费奇观将此书送至南京出版的可能性，显然要小于其后又返回江南一地传教的罗儒望。

5）此外，加拿大学者贝利采用"1608年"一说，但查阅其引注，是以德礼贤之研究为依据，然而德礼贤并未有"1608年"一说，且教廷自1616年以后才批准用中文译写圣经，故贝利一说不足取。

(2)《诵念珠规程》：诵念《玫瑰经》的教义问答书

《诵念珠规程》是讲述诵念《玫瑰经》方法的教义问答书，采用对话的形式，阐述每日诵念《玫瑰经》、默想15个耶稣生平故事的方法，是“目前发现的最早的汉文基督教义插图本”（莫小也，2002）[111]，“标志着首批中国基督徒团体信仰生活的成熟”（柯毅霖，1999）[151]。全书共31页，将耶稣基督的生平故事，按照“圣母欢喜事5端”、“圣母痛苦事5端”和“圣母荣福事5端”的顺序呈现出来，与《玫瑰经》中默想天主“道成肉身”（incarnation）、“受难”（sufferings）、“荣耀”（glorification）的15个神秘故事（mysteries）相符。《玫瑰经》（Rosary）又称《圣母玫瑰经》，是基督教规定每日诵念的经文之一[6)]。信徒认为，借由这15个神秘故事，祷告者可以通过玛利亚认识耶稣，了解“一切恩典之源”，因此，《玫瑰经》被认为是“生动地、无所不包地展示了基督教的真理，并且具有净化诵念者灵魂的大能”（The Catholic Univeristy of America, 2002）[Vol.12, 373]。

《玫瑰经》起源于“万福玛利亚”（Ave Maria/Hail Mary）的祷告语，暗示的是“大天使加百列祝贺玛利亚”（即受胎告知）和“圣伊丽莎白祝贺玛利亚”（即圣母往见）两个“祝贺”（greeting）场景。中世纪基督教徒认为，在反复吟诵这一祷告语的过程中，通过对玛利亚的祝贺，以及对即将“道成肉身”的“圣诞”的祝贺，可以使圣母喜悦。早在7世纪主日弥撒的唱诗中，就有将“受胎告知”和“圣母往见”两个故事联系起来的传统，但直到12世纪以后，“万福玛利亚”这一祷告语才在欧洲流行，成为赞美圣母图像的一种常见方式（Winston, 1993）[620]。12、13世纪的欧洲，被称为“玛利亚的世纪”，西欧几乎所有教堂都是献给圣母玛利亚的，《玫瑰经》雏形的形成，应与此时盛行的“圣母崇拜”密切相关。

12世纪初，欧洲出现了《圣母经》（Marian Psalters），以简洁的诗

6）规定每日诵《玫瑰经》一端、《天主经》一遍、《圣母经》十遍、《光荣经》一遍（基督教词典，1994）[339]。

文形式，在150篇《圣咏》（Psalters）前讲述关于耶稣和圣母的奥迹，后来，这些奥迹故事逐渐取代了《圣咏》，成为《圣母经》的主要组成部分。可能是为了方便吟诵，这150篇《圣母经》又被分成三组，每一组都被命名为成一串“念珠”或“花环”，用于在吟诵每组50个圣母奥迹时计数。1409年以后，普鲁士的多明我（Dominic of Prussia）将这一祷告方式普及开来，用“玫瑰花园”（rosarium）这一拉丁词汇指称50个圣母奥迹，“玫瑰”这一象征符号，也是从这一时期开始与“圣母”联系起来的。到15世纪末，经过几位多明我会士的编选，圣母奥迹最终被缩减为15个，仍分为三组，至此，《玫瑰经》祈祷文基本成形［（The Catholic Univeristy of America, 2002）[Vol.12, 375]，（Winston, 1993）[620–621]］。

值得注意的是，在15世纪之前，欧洲人使用“念珠”的习惯，一般仅见于对耶稣基督祈祷文的吟诵，15世纪以后，随着《玫瑰经》的流行，出现了许多在《圣母经》中使用“念珠”的记录。在这样的背景下，罗儒望将《玫瑰经》祈祷文译为《诵念珠规程》，就强调了祷告过程中对“念珠”的使用。在古英语中，“念珠”（bead）一词的原意为“一段祷告文”（a prayer），具有浓重的宗教意味。而在中国语境中，“念珠”则更多被理解为一件佛教用具或法器。那么，罗儒望对这一词语的借用，可能意在唤起中国人对基督教“宗教”身份的认知，与利玛窦早期“着僧服”之举有相通之处。

除中文译名上借“本土化”认知传播基督教知识的倾向外，结合对《玫瑰经》内容和来源的追溯，可以看到，罗儒望对《玫瑰经》的选取，应当也考虑到当时传教士在华传教所面临的特殊形势。自范礼安确定“文化适应”的传教方针以来，罗明坚和利玛窦等人都积极沿着这一方向，采用“适应性”、“本土化”的方法进行传教，而在公共场所用“圣母像”替代“耶稣苦像”，就是实践这一传教策略的明证。必须承认，在早期传教活动中，“圣母像”的确起到吸引中国人、进而推动传教事业的作用，从罗儒望向徐光启展示“圣母像”一事中，也可以看到，罗儒望已经在传教中使用“圣母像”并取得了一定的成果。然而，这样的“适应”策略同时也给传教士带来困扰，到16世纪末，南京城里的中国人普遍认为基督教的“天主”是一个怀抱着婴儿的妇人，甚至有中国人将这个“天主”误认为是佛教的“观音”［（裴化行，1936）[282]，（利玛窦 等，2010）[169]］。在传教士看来，这些对“天主”的误解是十分危险的，为此，利玛窦曾将其展示的圣母像取下，代之以救世主的圣像［（McCall, 1947）[127]，（McCall, 1948）[47]］。

那么，面对这些棘手的问题，将《玫瑰经》译为中文，可能是一个比较稳妥的解决方法，笔者认为，其理由至少有三：

其一，《玫瑰经》以圣母圣咏为主要内容，从“文化适应”的传教策略上来看，这部“完全献给玛利亚”的著作，相比《圣经》故事中的其他内容，更能迎合中国人对于圣母的兴趣，因此，这样的出版物也更易吸引中国读者。

其二，从《玫瑰经》的内容上看，其实是以咏叹圣母为名，讲述了耶稣基督从降生到复活的奥义，其根本用意并不在于对圣母的礼拜，而是通过对耶稣生平的默想，领悟基督教“救赎”与“苦难”的母题，借讲解圣母奥迹之名，深入解释基督教教义，纠正中国人错将“圣母”误认为“天主”的想法。学者柯毅霖注意到，《诵念珠规程》一书中并未将灵魂、圣灵等基督教用语按照中国传统意译过来，而只是保留了这些术语拉丁文的中文读音，比如“亚尼玛”（Anima灵魂）、“斯彼利多三多”（Spiritus Sanctus圣灵）、“罢德肋（Patri 圣父）”。柯毅霖认为，“在要理问答中，他们的目的是让不熟悉基督教术语的读者理解，而在基督教教义中则更注重教义表述的正确性”（1999）[151]，可见，《诵念珠规程》的目标读者是有初步宗教知识的信徒，那么，这本书的出版也以深入、准确地讲解基督教教义为目的。因此，罗儒望首选《玫瑰经》一书，实际上是将中国人对圣母的兴趣，引导到对耶稣事迹的理解上来。

其三，考虑到《诵念珠规程》的成书时间（正值“南京教难”期间或教难结束不久之后），这一时期，在华传教士受到迫害、教徒四处隐匿、教堂及圣像被毁，“救世主苦像”甚至被中国人认为与巫蛊之术有关，此时若堂而皇之的出版关于“天主”的书籍，仍存在一定风险。那么，将名为“圣母圣咏"、实则讲述耶稣生平的《玫瑰经》翻译出版，并以颇具本土宗教色彩的"念珠"一词名之，应不失为一个聪明的选择。

此外，《诵念珠规程》一书中体现的"文化适应"传教策略，除了从罗儒望对《玫瑰经》的选择上可见一斑外，在其文字和图像的"本土化"改编中，体现的则更为明显。比如，《玫瑰经》原文中从耶稣十二龄讲道，到耶稣受难这一时间跨度，在《诵念珠规程》中被解释为"耶稣同尔归家，孝顺事尔，至于三十岁"，极力将耶稣塑造成"孝道"的典范。在诵念过程中，传教士还引领众信徒向圣母祈求能尽"孝道"，充分表明早期耶稣会士对中国儒家传统礼仪的"适应"。那么，在下文中，笔者将就《诵念珠规程》一书对《福音故事图像》插图的改编，阐释其中体现的早期耶稣会传教之"适应"策略。

(3)"本土化"改编:《诵念珠规程》图像解读

《诵念珠规程》讲述了15则奥迹故事，分别配有15幅插图。目前学界通常沿用20世纪早期意大利学者德礼贤的观点，认为此书插图出自董其昌(1555-1636字玄宰)或其学生的手笔。无独有偶，美国学者劳弗曾发现一套中国明代西洋人物画册页，使用了明显的"阴影"画法，最后一页右下角就有"玄宰"的署名，且这套册页中的一幅图像明显受到《福音故事图像》的影响。然而，比利时学者高华士通过图像考证断定，劳弗所谓"董其昌册页"的制作年代必定晚于董其昌时代。那么，考虑到假名人之名作画(尤其是董其昌之名)的现象在17世纪后期的大量存在，册页上的"玄宰"之名，当为17世纪后期假托董其昌之名伪造的。

虽然西洋风的"董其昌册页"确证并非董其昌所作，其中仿自《福音故事图像》的人物图应当也非出自董其昌之手，但是，董其昌与西洋画的关系问题，却在学界一直悬而未决。董其昌频繁往来江南和徽州、对新安画派产生过重要影响，结合晚明耶稣会传教士在此一地的活动，以及董其昌庞大的艺术品收藏，那么，借由彼此交游圈的重叠，的确存在这种可能：

即董其昌曾亲见、甚至收藏有传教士带来的西洋画。比如，同样受到西洋画影响的《程氏墨苑》中的四幅基督教图像可能为丁云鹏改编摹绘，而丁云鹏恰是董其昌挚友，此外，董其昌还曾为《程氏墨苑》作《刻程氏墨苑序》，至少可以证明董其昌必定亲见过《程氏墨苑》中的基督教“宝像三座”，甚至可能通过丁云鹏等人亲见过其西文原本铜版画插图。

柯毅霖认为，“插图很好地再现了董其昌的风格，董其昌总是把画面的构想作为对人类内在情感的表达。在他的画中，他只着力表现基本主题，主要场面之外则留出许多空白。空白不只是要突出主题，它也是为了表现神性的临在”（1999）[248]。实际上，这种“留白”的画法，在中国文人画中十分常见。那么，虽然并无确证指认《诵念珠规程》的插图作者，至少有一点是明确的，那就是，这位中国作者并未“忠实地”复制《福音故事图像》原画，而是在原图基础上，引入中国文人画的审美表达和布局方式，将基督教故事以富有中国特色的艺术手法表现出来。因此，这些精美的插图被称为“代表了中国基督教艺术的第一个典范”（柯毅霖，1999）[248]、在融合中国文化方面“无人能及”（Bailey, 2003）[410]。而中国画家对原画图像元素的省略、选择、改编与添加，不仅体现出时人对于西洋宗教文化和图像的认知程度，还向后人呈现出西方文化艺术在中国“本土化”的一个过程或一种方式。那么，在下文中，笔者就以《诵念珠规程》中最具代表性的图像为依据，分析这一“本土化”改编与再造的实现方式。

（a） 对背景的省略和保留：以“受胎告知”和“耶稣诞生”为例

《诵念珠规程》第 1 图为“谙若嘉俾厄尔朝拜圣母”（图 1），描绘的是大天使加百列（Gabriel）向圣母“受胎告知”（The Annunciation）的场景。其中，《福音故事图像》中的西式建筑被改编成了中国传统的斗拱建筑，也许是中国画家不理解西文原图中对屋顶的内部透视，因而采用了俯瞰的视角描绘屋顶。在第 1 图里对屋顶观察视角的改变、以及第 2 图中对人物和地面网格纹透视效果的改造中（图 3），都可以看到中国画家并不熟悉“透视法”，甚至可能并不理解这种三维视觉方式。

而在第 4 幅图“圣诞后四十日圣母选耶稣于天主”中，背景的透视和故事场景就完全被省略掉了，同时，这一省略又以中国画家对柱廊顶部添加繁杂的装饰花纹为补偿，这样做也许是为了免于被删减的画面过分单调。这种省略西式画法和补偿以中式细节的画面处理方式，在第 1 图中也明显地体现出来（图 1）：中国画家不仅为改编而成的中国房屋绘制了有装饰图案的雕窗，将西式家具和房屋内饰全部转换为中式，还在屏风上绘制了倪云林风格的山水画。

对比中国摹本和西文铜版画，可以清晰地看到，第 1 图原画右上角云端的圣父和众多背景人物都被省略和简化了，左侧屋后“耶稣受难”的场景，也被替换成了后花园的中式假山。这种以山水风景代替人物的改编方法，在这 15 幅图中极为常见，莫小也认为可能是中国画家擅长山水，而不擅人物造成的。尤其是图中对耶稣钉十字架场景的省略，莫小也认为（2002）[113-115] 应当是出于不希望给中国人留下残酷的第一印象的考虑。

图 1 《诵念珠规程》第 1 图（右）与《福音故事图像》原图（左）

实际上，对原图背景故事和人物简化的处理方式，并不仅仅针对耶稣钉十字架这一特殊场景，在《诵念珠规程》中是十分普遍的。那么，无论这种省略是出于艺术技法还是宗教因素的考量，其产生的结果，首先体现在《诵念珠规程》对原图的“去叙事化”或者说“去语境化”的中国式重构上。以第 3 幅图“耶稣基斯多的诞生”（即“耶稣诞生”Nativity）为例（图 2），中国画家省略了原图右侧背景中部对天使报知守夜牧童一事的描绘（圣经 · 路加福音 2：8-10），代之以一株枝叶繁茂的矮树，同样，《诵念珠规程》的文字中也没有记述《圣经》中的这段背景故事，在这样改编和“转译”的过程中，西文图画中完整表述的《圣经》故事就被肢解成了《诵念珠规程》里的一个个场景和片段。

既然在多幅图像的处理中，背景故事和人物都被省略或替换，那么，第 3 图（图 2）右侧背景中上部西式建筑群的保留就显得与众不同。事实上，这一背景建筑，在西文原图中，描绘的是万民至伯利恒上户籍一事（圣经 · 路加福音 2：1-6），但是，在中国版本中，不仅图中省去了原铜版画中的人物，在《诵念珠规程》的说明文字中对这一故事和伯利恒城也都只字未提。这样一来，在去掉西文“语境”的中国插图中，《圣经》中的伯利恒城就成了一个没有人活动、没有名字和故事等任何说明的背景。但是，值得注意的是，尽管这些西式建筑群已经失去了身份和故事性，中国画家仍将其保留下来。那么，在这里，可以说，这些西式建筑原本承担着厚重叙事性的存在价值，已经转换成了中国版本中供展示和观赏的异域风情。

图 2 《诵念珠规程》第 3 图（右）与《福音故事图像》原图（左）

这一组从视觉上来说十分新奇的西洋建筑，也许比原图复杂的叙事性更具吸引力。中国人对西洋建筑的兴趣，在传教士书信中多有提及。比如，在肇庆仙花寺中，中国官员和学者们就对高高的西洋建筑甚有兴趣，“觉得很是危险，因为一所一所的都是层层的高楼”，甚至“有人愿意学习西洋的远景画法”，因为“它是和中国的画法丝毫不相同的”（裴化行，1936）[282-283]。《程氏墨苑》中的基督教图像出版后，其中西洋建筑也曾成为时人描绘异域风景的摹本。那么，对西洋建筑物的好奇，应当也是促使《诵念珠规程》的中国画家没有用中国风景代替这一西洋背景的一个原因。

（b）中国式隐喻的添加：以“圣母往见”为例

对西方原图构成元素的选择与省略，实际上也是西方文化艺术进入中国语境，遭遇“本土化”重构的一个过程。如果说《诵念珠规程》中的大多数插图都是对原图“简化式”的改编，那么，第2幅图“圣母往拜他的亲戚圣妇意撒伯尔”（即圣母往见 The Visitation）（图3），则无论从空间布局、细节处理还是隐喻意义上，都对原图增添了丰富的本土化内涵。

这幅图描绘的是玛利亚得知久而不孕的姐姐已怀孕六月，遂前去探望的故事。首先，中国画家不仅仍旧将原图中的背景故事省去，代之以中式影壁和屏风，还将原图中的玛利亚姐妹见面的室内场景，放置到了一进中式院落中。其中，玛利亚姐妹二人和她们的丈夫两组人物的位置也发生了有趣的改变，原来处于室内的约瑟夫和匝加利亚（Zacharias），被安置到了院落入口处，而故事的主人公玛利亚姐妹则被放在了远离观众的室内，这样的改编可能是中国画家出于女子不出闺阁的考虑。虽则如此，绘者并未在视觉上弱化远处的玛利亚姐妹，并未遵循“近大远小”的透视原理，而是延续了中国人物画放大主要人物的传统。同样，虽然中国画家复制了原图地面上的网格纹，但也没有遵循原图中的透视法，显然，绘者对于西方透视法还不熟悉，或者说，并不理解西洋画使用格纹以展示透视技巧的含义。

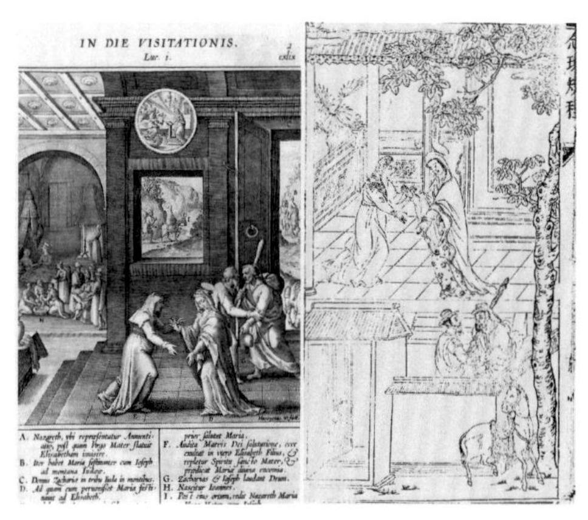

图 3 《诵念珠规程》第 2 图（右）与《福音故事图像》原图（左）

值得注意的是，在“圣母往拜他的亲戚圣妇意撒伯尔”一图中（图3），绘者别具匠心的在玛利亚的衣裙上绘制了花纹，西文原图中朴素的圣母，在中国画家笔下显得美丽华贵。这不禁使人想到就在不久前出版的《程氏墨苑》中，中国工匠将“万福玛利亚（Ave Maria Gratia Plena）”误写称了“有诱惑力、迷人的玛利亚（Ave Maria Gratia Lena）”。而与利玛窦的处理方式类似，罗儒望也并没有制止这种将圣母“世俗化”的行为。更为这幅插图增添中国意味的是，作者在整幅图的最右侧和右上方添上一株枝繁叶茂的梧桐树，这一方面可能是出于构图的考虑，另一方面，可能也含有“梧桐引凤”之寓意。按中国人的传统，梧桐乃祥瑞之树，自古就有将凤凰与梧桐树联系起来的传说，认为“凤非梧桐不栖”[7)]。那么，画家在门前画上一株梧桐树，并将枝叶伸展到圣母所站之处，也许就暗含了梧桐树引贵之意。此外，画家还在右下角的院落外惟妙惟肖地绘制了一匹马，颇合中国传统对“有客”到访的暗示[8)]。这些细节，都丰富和重构了这幅插图

7）《诗经 · 大雅 · 卷阿》：“凤凰鸣矣，于彼高冈。梧桐生矣，于彼朝阳。菶菶萋萋，雍雍喈喈。”《庄子 · 秋水》：“南方有鸟，其名为鹓雏，子知之乎？夫宛（右鸟旁）雏，发于南海而飞于北海，非梧桐不止。”

8）《诗经 · 周颂 · 有客》“有客有客，亦白其马。有萋有且，敦琢其旅。有客宿宿，有

的艺术性和叙事性，赋予其浓郁的中国风格和独特的东方意境。

（c）中国图像的激活与再造：以“园中祈祷”和“耶稣复活”为例

前文所述《诵念珠规程》中对一般故事和人物场景省略、同时对西洋建筑背景加以保留，也出现在第 6 图“耶稣受难前一夕在阿利九山园中祷告”中（即园中祈祷 Christ Prays in the Garden）（图 4）。这幅图描述的是，在与门徒最后的晚餐后，耶稣独自一人在橄榄山向天父祷告，祷告完毕即由犹大告密被抓之事（圣经 · 路加福音 22：39-46）。虽然罗儒望在行文中描述了耶稣后来被“恶众捕捉绑缚”，从画面上，却很难看出其中的叙事内容。通过对原图中部左侧门徒的省略，对耶稣面部和衣纹的中国化处理，以及对西方风景画的改编，中国画家似乎将耶稣塑造成了一位在山野中冥想的中国智者，或者更确切的说，耶稣俨然被刻画成了林中隐逸的禅宗高僧或道家神仙，中国化的天使也很容易使人联想到“飞天”（Bailey, 2003）[410]。

高居翰（2011）[116] 认为吴彬的《罗汉图》（1601）（图 5）可能正是受到了《福音故事图像》中同幅西文铜版画的影响。虽然一些学者对高居翰所说的董其昌、吴彬等晚明画作直接摹自西洋铜版画颇有微词，但是，学界普遍承认，晚明以来，西洋美术的确对中国画坛产生了影响。有学者认为，正是传教士带来的新的视觉图像激活了埋藏在中国传统艺术中的某些元素，使晚明以来，许多中国画家开始以“仿古”为口号进行绘画图像上的探索和创新（Vanderstappen, 1988）[114]。

那么，这一过程在这幅图的改编中充分体现出来：中国画家关于中国绘画传统中描绘山林隐者的记忆被西文原图唤醒，继而自然而然地借鉴了中国传统对类似场景的描绘，将原铜版画中的山石树木全部加以“本土化”改造。而对于中国读者而言，这样的改编，可能唤起的也是中国传统文化中对于林中隐居的禅者、智者的想象，画面中的西洋建筑则将他们从对中

客信信。言授之絷，以絷其马。”

国传统的想象，引向对西洋文化艺术的理解与思考中来。可以说，借由西洋元素引发的对中国传统文化的想象，在中国人对西洋文化艺术的接受、误解到最终理解、并将其融入中国本土文化的过程中，是必不可少的环节。

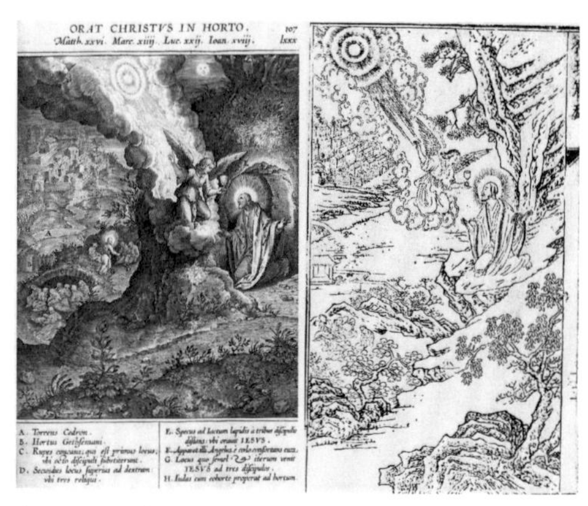

图 4 《诵念珠规程》第 6 图（右）与《福音故事图像》原图（左）

图 5 吴彬《罗汉图》（1601 年）

在第 11 图“主耶稣复活”中（即耶稣复活 Resurrection）（图 6），同样可以看到这种“激活”与“再造”的“本土化”图像生产方式。西文原图中，复活的耶稣脚下踩着骷髅和魔鬼，象征着救世主最终战胜了死亡和魔鬼。在《诵念珠规程》中，耶稣脚下的骷髅被隐去了；长角的西方魔鬼被改编成了中国式怪兽，从图像上看，很像中国传统的镇墓灵兽。与西方代表邪恶的怪兽不同，中国的镇墓兽并非十恶不赦的“魔鬼”，而是镇摄鬼怪、保护死者灵魂不受侵扰的灵兽。那么，原图中的骷髅和魔鬼，在中国版本里，就被再造成了一种全然不同的意向。在20年以后出版的基督教插图本《天主降生出像经解》中，面对同样一幅铜版画的改编，中国画家干脆将骷髅和魔鬼全都删除，而鉴于《天主降生出像经解》对西文原图所作改动甚少，那么，这样一个细节，有可能反映出作者对此前《诵念珠规程》中将“魔鬼”塑造成“镇墓兽”的误读之担忧。

图6 《诵念珠规程》第11图（中）、《福音故事图像》原图（左）、《出像经解》第47图（右）

此外，在《诵念珠规程》第11图“主耶稣复活”中，有头无身的炽天使（seraphim）被祥云所取代（图6中、左），可能也是出于防止中国人将这种无身天使误为鬼怪的考虑，这样的改编在第12图“主耶稣升天”和第13图“斯彼利多三多降临”也可以看到，其中，中国画家还特意给第13图的炽天使画上身体。而与之形成鲜明对比的，则是后来艾儒略的《天主降生出像经解》中，对炽天使毫无忌讳地保留。笔者认为，从《诵念珠规程》图像的中国式再造到《天主降生出像经解》图像对原著尽量忠诚的变化，可能并非仅仅反应了中国画师对西洋技法的接受过程，决定这一变化的更重要因素，可能在于两个时期不同的传教环境、传教需求和传教策略。

(d) 中国式“留白”与“意境”的营造：以“上十字架”为例

如果说《诵念珠规程》的第1、3、4图中（图1，图2），中国绘者为了弥补省略透视效果和背景而造成的单调，因此别出心裁地添绘了屏风、花园和装饰花纹等中国式细节，那么，第5幅图“耶稣满了十二岁与众老成学士讲道”不仅没有表现出透视、省略了左右两侧的背景故事、简化了画面中的人数，甚至连装饰花纹也没有额外添加。在第7图“受难被缚于石柱上鞭挞五千余下”、第8图“被恶党将棘茨做冠箍在头上”中也可以看到同样的“简化”。从视觉效果上看，经由这种中国式省略，画面前景被衬托的格外突出。

中国人笔下这些空白的空间，在习惯了画面被阴影线条和人物故事充满的西方人看来，乍看起来如同未完成的作品，因此，利玛窦等传教士虽对中国文化抱有敬仰之兴趣，对中国画家的绘画水平还是颇有微词（利玛窦，1986a）[18]。莫小也（2002）[114]也从技术和媒材的角度出发，认为这种简化的原因，可能是木版画与铜版画媒介的差别，即铜版画易于雕刻细部，而木版画难以表现细致的人物和景色。鉴于《诵念珠规程》出版时间较早，此时中国画家可能尚未与西洋画有过多接触，因此，技术上的不完善和媒材转换上的不熟悉，似可作为这些“简化”的一个理由。但是，柯毅霖（1999）[248]则从另一个层面出发，试图排除东西方技术差异之见，来理解中国画家这种“简化”倾向的意图：即，将这种“简化”与中国画“留白”的传统联系起来，认为这种“留白”乃是从艺术构思和宗教情感表达的角度，不仅是为了“突出主题”，也是为了“表现神性的临在”。

图7 《诵念珠规程》第10图（中）和《福音故事图像》原图（左、右）
[（罗儒望，2002）[556]，（Nadal, 1595）[129, 130]]

柯毅霖以《诵念珠规程》第10图“被钉十字架上而死”（即“上十字架”The Crucifixion）为例（图7），证明中国画家以大量的留白空间，使十字架显得异常醒目，从而烘托耶稣受难之苦：“只有一个十字架，钉着赤身的耶稣，在天和地之间，孤零零地突现出来，在一种可怕的沉寂中，仿佛只有天主目击这一场面……这幅画塑造了一个能给人以强烈的情感震撼的形象，是对主受难的深刻的中国式诠释”。据此，柯毅霖认为，在耶稣会入华早期，中国人就已经能够理解耶稣救赎世人承受苦难的事实了（1999）[248-249]。

的确，就第10图而言，与原图对比（图7），一方面，中国画家继续坚持了其以中国风景替代背景故事场面的一贯改编方式，远处的士兵被代之以寸草不生的荒山，营造出空旷和凄凉之感；另一方面，在中国画家笔下，十字架被明显拉长了，通过这一夸张的改造，十字架上耶稣基督的形象与远景融为一体，成为空旷天地中唯一悲怆的存在，借景喻人，天人相融，烘托出耶稣为人类忍受巨大苦难的主题。此外，耶稣身旁的两个十字架也被删除，从艺术构思上讲，这样做的目的可能是为了将整个画面聚焦在耶稣身上，更好的突出主题。但是，值得注意的是，在罗儒望的行文中，同样没有交代与耶稣同钉十字架的两个犯人之事。鉴于反教人士对“天主”

乃“谋反正法之贼首”的诋毁，罗儒望的文字改编、以及中国画家配图的改编，很可能是出于避免中国人将耶稣与一般犯人相提并论的考虑。

也许正是为了避免误会，中国画家才从艺术角度出发，力图将读者的注意力从耶稣身旁的两个犯人，引向耶稣受难之“苦难”。在这里，中国画家似乎花费了更多心思，除了上文中已经讨论过的这幅图背景氛围的营造外，值得一提的是，这幅图是中国画家颇费匠心的根据《福音故事图像》中的两幅铜版画改编的。中国版本中既保留了《福音故事图像》其中一图戏弄耶稣、用长矛给耶稣递“酸醋苦胆”的士兵，以突显耶稣所受之“苦难”；也保留了另一图中骑马的士兵，但原图中骑马的士兵正用长矛向耶稣刺去，而在中国版本中，可能是为了保持画面构图的平衡，这一骑马士兵手中的长矛并未指向耶稣，然而，耶稣的苦难并未因此而弱化，相反，这个士兵望向耶稣的脸、和已经抬起的手臂，都在告诉我们，他手中的长矛将要扬起、刺向耶稣，耶稣正在、正要遭受“苦难”。

如果说这幅“上十字架”是中国式正确诠释耶稣受难之奥义的良好开端，那么，在下文的叙述中，我们会看到，这一“良好的开端”并没有被很好的延续下去。以中国式的“留白”烘托耶稣之“苦难”，在之后的基督教插图出版物中，逐渐被添加中国式繁复的、具有生活气息的细节所取代，而关于耶稣受难的图像，甚至成为17世纪中后期第二次大规模反教运动中的罪证。从这样一个过程中，可以看到基督教图像在中国的“本土化”进程受到多重因素的影响，这正是西方文化艺术在中国传播、并对其自身产生正面或负面影响的一个鲜活案例。

三　艾儒略与《出像经解》：第一本中文《圣经》插图书的出版与改编

1610年5月，利玛窦在北京辞世，由龙华民（Niccolo Longobardo）继任中国传教区会长，从此，“利玛窦时代”结束了，耶稣会在华传教进入第二阶段。就在利玛窦去世这一年，在罗马学院学习的意大利耶稣会士艾儒略（Giulio/Jules Aleni 1582-1649）始抵澳门。博通中文经典的艾儒略，被晚明中国人尊为“西来孔子”，连时人所撰反教著作中，也有对艾儒略“立言甚辨，持躬甚洁”的正面评价。后人对其也评价甚高，认为他是是继罗明坚、利玛窦等第一代先驱者之后，汤若望、南怀仁等第三代入华耶稣会士之前，入华传教士的杰出代表。方豪称，“在中国基督教外来传教士中，再也没有比艾儒略更受学者欢迎的……‘西来孔子’，这样崇高的尊称，连利玛窦也没有获得”（2007）[130]。

1610-1613 年间，初入中国的艾儒略就在学习中文方面显示出“资颖绝超”。在澳门期间，他的中文水平突飞猛进。除了语言天赋外，艾儒略还曾在意大利学习哲学和神学，对数学和天文学也十分精通，1611-1612 年间，艾儒略就在澳门记录了成功观测月食的经历（荣振华，2010）[48]。1613 年初，艾儒略开始进入中国内地。因精通希伯来文，艾儒略先被派往开封府考察当地的犹太教经典。返回北京以后，艾儒略结识了徐光启，于 1613 年秋随徐光启南下江南。

1613-1616 年间，艾儒略在南京、上海、扬州等地讲授西学，归化多人入教。1616-1619 年，“南京教难”期间，艾儒略同罗儒望等耶稣会士一起在杭州杨廷筠家中避难，进一步研习中文典籍，并在杭州继续交游和传教活动，为 250 人施洗。1619 年底－1620 年初，在徐光启的引荐下，艾儒略为扬州“大吏”马呈秀讲授西学，并归化马呈秀入教。1620 年，马呈秀赴陕西任职，艾儒略随行至陕西商州。1621 年，艾儒略赴山西绛州，创立基督教山西传教区。1621 年，艾儒略返回杭州，1623 年至江苏常熟开教。1624 年，与利玛窦等人交好的内阁首府、东林党人叶向高，因魏忠贤等宦官排挤，罢官还乡，途径杭州，因赞赏艾儒略的才学，遂邀艾儒略同返福建老家。

1625 年 4 月，艾儒略创建了福建教区，费赖之称其为“开教福建之第一人”[9]。此后，艾儒略在福建各地传教，直至1649年病逝于福建延平。福建传教期间，艾儒略一方面延续利玛窦与知识阶层交游的传统，与当地文人士大夫交往密切；另一方面，与龙华民发展基层教徒的传教策略一致，艾儒略积极深入福建民间，向底层民众宣讲教义，还编著了《天主圣教四字经文》，至今仍在民间广为流传。到1637年“福建教案”爆发之前，在艾儒略等耶稣会士、及1633年进入福建的方济各会、多明我会士的影响下，整个福建省已发展基督教徒“万数之人”[10]。这样一个大教区有其发展的独特之处，即皈依的信众大多来自低级官员、下层文人和普通百姓，这与基督教在北京、南京等地较多归化上层文人士大夫的状况十分不同。

费赖之曾记载艾儒略在福建用“圣像”治愈病患之事，事后病患家人尽毁家中异教偶像（费赖之，1995）[137]。在福建期间，艾儒略还曾多次邀当地文人观看西洋基督教图像，在1630-1631年间完成的《口铎日钞》卷一和卷二中，就记有两次展示基督教图像之事，其中第一次展示18幅基督教“心图”，第二次又展示了一册西文插图书，其中有10幅图画，多为“寓言图”。这些图中既有面目狰狞的裸体人物，也有奏乐之天神，既有对“虫蛇虾蟆”等动物的描绘，也有对山水树木等风景的刻画。尤其值得一提的是，这28幅图像中不乏对“十字架”、“五伤流血”、“审判”、“死亡”、“地域”、“天堂”等直接指涉“基督论”核心内容之图示、符号的描绘。如果说此时的图像展示还只是在小范围里进行，那么，这种与以往耶稣会传教士不甚相同的图像使用策略，则在后来大量出版的《出像经解》插图书中得到了更为集中的体现。

此外，在福建传教数年间，据费赖之记载，在艾儒略的影响下，福州各府建有教堂8座、各小城建教堂15座，那么，这些教堂中应当不乏基督

9）艾儒略并非第一个进入福建的传教士，此前已有方济各会和多明我会在福建地区活动，1594年多明我会传教士即开始试图在厦门传教，但直到17世纪30年代以后，才最终在福建定居下来。

10）张先清根据德礼贤统计的1636年全国教徒数据（38200人）认为，“福建教难”前福建教徒约占当时全国基督教徒总数的三分之一，“至是为诸省最”（叶农，2009）[120]。

教图像的展示。1635年－1638年间，泉州附近相继发现十字架形古石块，这一系列古迹的发掘，吸引了大量好古的中国人前往观看，也引发了中国人对基督教的热情，至1638年，仅泉州府就有教堂13座，明末福建各府县更是教堂林立，穷乡僻壤之地也有教徒“建祠设馆”。其实，早在17世纪20年代初，艾儒略就曾在杭州观桥西建一处天主堂，“设学讲论，问道者接踵”（方豪，2007）[133]。

关于这些教堂内部装饰的记载甚少，尤其是对乡间教堂的记述资料更是匮乏。1662年荷兰东印度公司水师提督巴连卫林（Balthasar Bort），曾参观了福州天主堂，并留下了关于教堂建筑和内饰的记载。南明隆武帝“嫌其湫隘”，故于隆武初年（1645）重修[11)]（萧若瑟，1923）[231]，巴连卫林所见当为重修后的“敕建天主堂”。虽然福建普通的乡间教堂装饰不能与这座“敕建天主堂”比肩，但是，对福州天主堂内部装饰的珍贵记述可为我们了解福建地区的教堂提供一些帮助：“教堂的外表是中国寺。风格，内部装饰也是中国化，祭坛与香炉雕刻着龙和其他头首，完全是异端的情调。只有有限的几张绘画与图片，如耶稣基督、圣母玛利亚、报喜天使加百利，才可以看出基督教的特征”（林金水，2006）[522]。可见，尽管福州天主堂整体呈中国建筑风格，其内部仍展示有基督教图像，以示其作为“天主堂”的身份，这一点应当也体现在艾儒略的民间教堂中。

总的来说，可以看到，与此前利玛窦时代对于基督教图像的传播偏向于文人士大夫群体的传教方式不同，艾儒略格外重视在乡间广设教堂，那么，17世纪20、30年代以来，随着福建民间教堂的兴建，基督教图像已经开始深入到了福建民间。这些教堂不仅是结社集会、传播信仰、展示基督教图像的场所，每一个教堂也同时是一所“刻书社”。艾儒略在华30余年间，著述颇丰，有中文著作20余种，其中绝大多数是在福建传教期间完成的[12)]。在《大西西泰利先生行迹》一书中，艾儒略提到利玛窦曾希望后来

11）福州天主堂由叶向高长孙叶益蕃等人创建于1625年。

12）关于艾儒略中文著述的数量，从19种至33种，尚存争议，其中以20余种一说居多。

的传教士“多携西书同译”，那么，追随利玛窦入华的艾儒略所携“西书”应当也不在少数，这从艾儒略关于天文、地理、数学、医学、哲学、神学等各种学科的中文译介中可见一斑。《口铎日抄》中也有记载：“司铎出书一帙，皆西文之未译者，间有图画，而多寓言，图约有十幅”。虽然并不确定艾儒略究竟携带多少插图本入华，但艾儒略对图像的重视，从他出版的《万国全图》（1623）、《玫瑰十五端图像》（1637）和《天主降生出像经解》等刻印有大量图版的书籍中可以体现出来。

（1）托钵修会入华、福建教难与公开展示十字架

17世纪30年代是基督教在华传播发生重要转折的时期。17世纪20年代末、30年代初，曾出现一个基督教中文书籍大量出版的黄金时期，但是，30年代中期以后，随着第一批有影响的入华传教士和中国信徒的离世，情况开始发生变化（Standaert, 2003）[389 13)]。徐光启于1633年逝世，这一事件被称为“中国传教史第一章的结束”。就在徐光启逝世这一年，方济各会和多明我会也来到中国，他们秉承的“欧洲人主义”开始在教会中占据有利地位，耶稣会士“文化适应”的传教方式被指责为对基督教的“背叛”（邓恩，2003）[209]，各修会之间的冲突为18世纪的“礼仪之争”和基督教在中国再次出现的危机埋下了伏笔。

虽然托钵修会和耶稣会都十分注重在传教中使用基督教图像，但是，在中国传教过程中，二者对题材的选取和使用方式十分不同。比如，罗明坚和利玛窦等早期耶稣会士向中国人展示的圣像以“圣母像”为主，而很少直接拿出“十字架苦像”，这种对于宗教图像的选择，应当是出于“文化适应”的考虑。事实上，早在1579-1582年间利玛窦入华之前，罗明坚就对其广州住所内陈列的基督教铜版画有所选择，“未列入‘耶稣受难的图画’，因为在这时还没有人能够懂得”（裴化行，1936）[277]。直到16世纪末，

13）杨廷筠逝于1627年，李之藻逝于1630年，徐光启逝于1633年，金尼阁逝于1628年。

为了解释救世主的救赎、避免人们将圣母像误以为是“观音”，曾用一幅日本画院尼古拉神父绘制的十字架苦像将圣母像换下［（McCall, 1948）[47]，（裴化行，1936）[282]，（利玛窦 等，2010）[169]，（Bailey, 1999）[91]］。然而，1601年，利玛窦到达北京等待觐见万历皇帝之时，太监马堂一面对他们行李中的圣母像赞叹不已，一面又对十字架耶稣像感到十分愤怒，将其与巫蛊之术联系起来，认为这个十字架上的黑色身体会危害到皇帝。之后很长一段时间，耶稣会士都没有公开展示十字架（McCall, 1948）[48]。尽管耶稣会士们如此小心，十字架苦像仍然成为反教人士攻击基督教的口实（杨光先，1995）[460]。因此，为了避免中国人对基督教的误解和由十字架苦像而引发的反感，耶稣会士选择了在展示耶稣受难苦像上持暧昧态度；同时，他们并非完全放弃展示耶稣受难像，只是“没有在广泛的公共场合里展示耶稣受难的生动的图画”[14)]，他们更倾向于向初次接触基督教的中国人展示更为赏心悦目的圣母像。

从罗儒望《诵念珠规程》对关于“圣母圣咏”的《玫瑰经》题材和“念珠”一词的选取，及其对西洋图像明显的“本土化”改编，可以看到，17世纪20年代左右，即“南京教难”期间及之后不久，虽然耶稣会士已经试图向中国人讲述耶稣受难的故事，并已经开始展示经过艺术加工的耶稣受难图像，但这些努力仍然是在献给“圣母”的名义下进行的。从表面上看，耶稣会士在使用和讲述耶稣受难像上的这一“适应”策略，成为此后托钵修会向教廷控告耶稣会的罪状之一，这一伴随着“礼仪之争”的争论最终导致18世纪初基督教入华的再度受阻。

托钵修会对耶稣会士长期垄断中国及其“适应”的策略十分不满，转而坚持更为强硬的传教方式，这在他们对宗教图像的使用上可见一斑。1633年，方济各会士利安当（Antonio de Santa Maria Caballero）与多明我会士莫若涵（Juan Baptista de Morales）一同进入福建，在传教方式上

14）然而，也有学者认为耶稣会士实际上隐瞒了耶稣受难及基督的特性，“耶稣会在17世纪驱使更多中国人皈依的功绩，归因于避谈耶稣基督的苦难奥秘”［（柯毅霖，1999）[99]，（邓恩，2003）[262-263]］。

与艾儒略颇有不合。托钵修士们指责耶稣会士在公共场合藏匿十字架，而且耶稣会士的住所也没有明显的十字架标志（柯毅霖，1999）[97]。1637 年，最初到达北京的两位方济各会士曾在汤若望的耶稣会小教堂里看到一幅耶稣与 12 使徒的画，与西方绘画不同的是，画中的人都为“适应”中国文化而穿上了鞋，这使这两位方济各会士非常心痛，尤使他们不能容忍的是，他们发现，耶稣会教堂里，耶稣画像与异教的中国皇帝“画像”并置在一起[15)]。

实际上，多明我会与耶稣会的冲突，并非仅仅在于传教方式的不同。他们分别受到西班牙和葡萄牙王室的赞助，而两国之间的政治冲突及其在远东的贸易冲突一直不断，这为分别代表两国利益的不同修会间造成了天然的不信任情绪。1659 年，多明我会修士闵明我（Domingo Fernandez Navarrete）被“不守信”的耶稣会士抛弃，而最终被一个异教徒带入广州，对此，闵明我写道，“原来在澳门，葡萄牙修士和俗人从不组织西班牙人进入中国，漳州的中国异教徒和澳门的基督徒也不阻止西班牙人。麻烦来自另一处（即指耶稣会士）”（2009）[83]。

为了捍卫耶稣基督唯一真神的名，方济各会士和多明我会士则公开大肆展示耶稣受难苦像，采取了更为激进的传教方式：他们不顾官府反对，手持耶稣受难苦像，“高过头顶，大声宣告：……这乃是‘真神和人的形象，世界救主’，所有的偶像和宗派都是虚妄的，魔鬼通过它们诱导人们，把人骗入地域”（邓恩，2003）[233]。这种公开宣传和展示耶稣受难像的布道方式，激化了欧洲传教士与中国官府之间的矛盾，加之当时台湾及福建沿海屡受荷兰人的军事威胁，最终导致当地政府无法顾及与耶稣会士的“友谊”，颁布驱逐传教士的法令，引发了 1637-1638 年间的“福建教难”，期间，艾儒略等传教士只得避难澳门。然而，即使在法令颁布以后，方济各会和多明我会士仍然“高举着十字架进入城镇”，并高声宣教，这种“故意

15）两位方济各会士即艾肋德和艾文德，指责耶稣会的文件藏于罗马耶稣会档案馆。实际上，这两个方济各会士不了解中国风俗和语言，将刻有汉字“皇帝万岁”的牌匾当成了皇帝的“画像”［（柯毅霖，1999）[97]，（邓恩，2003）[230-231]］。

要激怒当局”、“鼓励殉教”的传教方式（柯毅霖，1999）[170]，与耶稣会温和的“文化适应”策略截然不同，其使用的基督教图像、及其使用地点也因此不同。

（2）“译经”禁忌与《出像经解》的出版

正是在这样复杂的背景下，崇祯八年（1635）至十年（1637）间，艾儒略在福建出版了八卷本《天主降生言行纪略》，又名《万日略经》，或《好报福音》[16)]。“万日略”即拉丁文“福音（Evangelium）”一词之音译。全书共计 8 卷 165 个章节，每一章节都讲述了《圣经》四福音书中的一个故事，是第一部完整的中文耶稣传记，后人对其评价颇高[17)]。《出像经解》就是为此书所配的插图单册，又名《天主降生言行纪像》[18)]，被称为“艾儒略传教工作中的真正杰作”（柯毅霖，1999）[249]。

这两本图文并茂的教义书一经出版，就十分畅销，光绪十三年（1887）上海刊印的基督教图册《道原精萃 · 像记》中，称《出像经解》一书“为时人所推许，无何，不胫而走，架上已空”。自福建地区首版以来，《天主降生言行纪略》又于崇祯十二年（1642）、乾隆三年（1738）、嘉庆元年（1796）、咸丰二年（1852）、光绪二十九年（1903）于北京和上海等地多次再版[19)]（费赖之，1995）[137]。《天主降生言行纪略》和《出像经解》的早期

---

16) 关于《天主降生出像经解》和《天主降生言行纪略》的出版时间和出版地尚存争议。关于出版时间：费赖之称《纪略》出版于 1635-1637 年，《出像经解》出版于 1635 年（1995）[137]；方豪称二书均出版于 1635-1637 年（2007）[135-136]；潘凤娟则认为二书均出版于 1637 年（叶农，2009）[120]；柯毅霖（1999）[249] 和 Sun Yuming（2003）[476] 都认为《纪略》一书出版于 1635 年，《出像经解》出版于 1637 年，但从柯毅霖所查马德里方济会稿案馆藏《出像经解》前言来看，艾儒略的计划应当是先出版《出像经解》。关于出版地：方豪称其出版于福州，但钟鸣旦（Standaert, 2007）[3] 和 Sun Yuming 等学者认为《出像经解》初版地是泉州晋江。

17) 方豪称此书为“《圣经》最早的汉文节译本”（2007）[136]。

18) 关于《天主降生出像经解》和《天主降生言行纪略》两种版本的分类，详见（Sun, 2003）[477 note 20]。

19) 但方豪称这些版本“均无图”（2007）[136]。

版本多为分开刊印，从 18 世纪开始，二书以合订本的形式出版，直到 20 世纪初才又分开刊印。从如此多的再版，可见这两部著作的畅销程度。

据钟鸣旦的研究，《天主降生言行纪略》一书应当译自萨克斯聂（Ludolphus Saxonia）所著《基督生平》（Vita Christi 1474），该书在 16、17 世纪十分流行，在北京北堂藏书中，也确有此书 1580 年的版本。《基督生平》是促使耶稣会创始人罗耀拉皈依天主的重要读物之一，罗耀拉所著《神操》也深受《基督生平》的影响，不仅如此，"耶稣会"这一名称也很有可能出自《基督生平》一书[20)]。

《基督生平》一书强调耶稣所受之"苦难"，力图展现耶稣基督"人性"的一面，这与"中世纪基督论救赎论"相一致（潘凤娟，2009）[116]。那么，与早期耶稣会对"耶稣受难"的回避相比，在 17 世纪 30 年代，艾儒略选择将《基督生平》一书译介为中文，应当有出于回应托钵修会指责的考虑。然而，维护耶稣会非"异端"的声名，并不是艾儒略在华传教的全部，而将拉丁文《基督生平》改编为中文《天主降生言行纪略》，向中国人大胆地讲述"耶稣受难的事实"也并不能表示艾儒略完全放弃了耶稣会早期的"适应"策略。

相反，从这一跨语言文化的改编中，可以看到，艾儒略并不认同托钵修会在文化上毫不妥协的强硬传教方式，而是试图以中国人可以接受和理解的方式，将耶稣基督的事迹娓娓道来。比如，台湾学者潘凤娟认为，《基督生平》重视对耶稣童年和苦难的描写，重点在于展示耶稣基督的"人性"面向，而《天主降生言行纪略》则重视讲述神迹，强调耶稣基督的"神性"，并将之塑造成"教化者"的角色，其采用的叙述技巧也与晚明"神魔小说"和"超凡入圣"的杂剧十分类似（2009）[130-132]。

17 世纪 30 年代，艾儒略面临的不仅是托钵修会入华的挑战，还有来自于罗马教廷的压力，这直接体现在艾儒略对"译经"一事的回避上。虽然艾儒略在《天主降生言行纪略》前言中，向中国读者介绍了《圣经》中

---

20)《耶稣生平》中首次使用"Jesuitas"一词，应当是"耶稣会（Jesuits）"一词的出处。

的“古经”和“新经”，并通过“古经”中出现的人、狮、牛、鹗“四像”，介绍了撰写四福音书的“四圣”[21)]，但还是在措辞上多次强调避免将此书与“译经”联系起来。在《万日略经说》结尾处，艾儒略写道，“今将四圣所编会撮要略，粗达言义，言之无文，理可长思，令人心会身体，以资神益，虽不至陨越经旨，然未敢云译经也。”在《天主降生言行纪略凡例》中，艾儒略也称“兹独编其要略，不复重纪详尽，若夫全译四圣所纪。翻经全功，尚有待也。”事实上，拉丁文圣经在罗马教廷一直占据至高无上的神圣地位，而西欧宗教改革运动中的一个重要组成部分就是对拉丁文垄断《圣经》书籍的反抗，不仅如此，在未经教廷允许下，私自译经也会受到严厉的惩罚。

1614年，在龙华民的安排下，金尼阁回到罗马，向教廷汇报在华传教进展，1615年6月终于获得教廷授权译写中文圣经［（Standaert, 2003）[378]，（魏特，1949）[43]］，但教廷对“译经”的态度仍十分严苛，“赦令不过为一纸死文”（潘凤娟，2009）[138]。17世纪以来，西葡国力日衰，逐渐无力应付庞大开支，而控制在西葡手中的“保教权”事实上限制和削弱了罗马教廷的教权；同时，罗马教廷认为，殖民扩张者对宗教事务的干预，使人们将殖民者和传教士混为一谈，给传教事业带来了障碍［（The Catholic Univeristy of America, 2002）[Vol.10, 977, Vol.11, 750]］。在这样的背景下，1622年，罗马教廷“传信部”（Congrégations de Propaganda Fide, C.P.F.）成立了。传信部由教皇直接干预，与西葡保教权相抗衡，开始对远东传教事务加强直接管控，其中一项任务就是对“译经”的控制。到1634年，罗马教廷正式指示“翻译《圣经》是不必要的”。

21）对这“四像”的添加，也体现在《出像经解》卷首图《天主降生圣像》的改编中，纳达尔原作卷首图中并无“人、狮、牛、鹗”这四种表示圣徒的图像符号。

(3)“西化”的“本土化”:《出像经解》图像解读

正是在这样“内外交困”的传教背景下，艾儒略在福建出版了《天主降生言行纪略》和《出像经解》。从早期版本来看，《出像经解》共计插图50余幅[22)]，均由纳达尔的《福音故事图像》铜版画改编而来。这50余幅木版画插图中，不仅全部保留了纳达尔原图的标题，将之译为中文，还将纳达尔原图中的文字注释部分保留下来，将“ABCD”的标注改为“甲乙丙丁”，并附在图像下方用文字加以一一说明。中国人对上图下文的插图版式并不陌生，但这种在图中标注“甲乙丙丁”的注释方法，对时人而言仍十分新颖[23)]。虽然图片中的“甲乙丙丁”大体上是根据《福音故事图像》原图“ABCD”的位置标注的，但《出像经解》图像下方的中文注释则基本都是根据《天主降生言行纪略》的章节内容简写，且标注出“见行纪某卷”。这种文字配图的方式，使《出像经解》这本插图单册既可以作为《天主降生言行纪略》的图册，相互参考阅读，也可以自成一体，通过图像下方以“甲乙丙丁”引导的注释文字“默想”图中叙述的故事。通过这种既可“读文”，又可“读图”了解《圣经》故事的方式，艾儒略将预设的受众群体，从精英阶层扩大到了“草根阶层”(何俊，2008)[90]。

---

22)《出像经解》现存37种版本（但罗马耶稣会档案馆 Jap. Sin. I. 188版本报失，因此共存世36种版本)，Sun Yuming (2003)[477 note 20]按照书名将这些版本分为两组：第一组署名《天主降生出像经解》，通常收录有一幅耶路撒冷地图插页，以及56幅图像；第二组署名《天主降生言行纪像》，未收录地图，共有插图51幅。通过对12个版本的实地考察（其中包括梵蒂冈图书馆的7个早期版本，马德里方济会档案馆1637年的早期版本，台北辅仁大学神学图书馆1738年的18世纪版本，罗马城市大学图书馆收入《道原精萃》的19世纪版本)，柯毅霖认为(1999)[259-260]虽然不同版本图像数目不一，但通常在50-55幅之间。目前笔者使用的是罗马耶稣会档案馆的版本，除封面画像外，共计52幅图像，其中“耶稣步海”和“起三十八年之瘫”均重印2次，因此，除去重印的图像、加上封面图像，罗马耶稣会档案馆署名《天主降生言行纪像》的这个版本共有图像51幅，属于Sun Yuming分类的第二组。与第一组署名《天主降生出像经解》的插图本相比，第二组缺少“16. 救武官之病仆”、“19. 起瘫证赦”、“47. 耶稣圣魂降临地域”、“48. 文武二仕殓葬耶稣”和“50. 耶稣复活现慰圣母”五图。

23) 这一图示方法曾出现在1627年出版的机械工程学译著《奇器图说》中，中国人为之“诧异”(徐宗泽，2010)[225]。

(a) 忠于原作与明显的“西化”风格

从罗马耶稣会档案馆的《出像经解》早期版本来看，虽然中国画家在处理云纹、水纹等装饰细节时，仍不免使用中国传统的程式化画法（如第15图“中山圣训”中的卷云纹，第17图“渡海止风”中的水纹），也没有将阴影画法应用到对人像和人体的表现上（如第42图“耶稣一言仆众”中的人体），但总体来看，《出像经解》较为忠实保留了纳达尔原作的整体构图和画面细节，甚至在对建筑物的描绘中大量运用了阴影画法，并开始尝试使用透视法（如第1图“圣若翰先天主而孕”和第43图“击鞭苦辱”），虽不成熟，但已经显示出中国画家在使用西洋绘画技法上的探索，尤其与此前出版的《诵念珠规程》相比，体现出异常显著的“西化”特征。

除了图像中明显使用的西洋阴影画法和透视法，与《诵念珠规程》相比，《出像经解》最大的特点就是对西文原图“叙事性”的保留。通过图文相配的形式，以及一个画面中对多个故事场景的表现，《出像经解》不再只满足于表现一个场景或片段，图片不再只是文字的装饰，而构成了自足而丰富的叙事情节。在《出像经解》中，多个故事场景主次有序地展现在同一画面的前景和背景中，向读者完整讲述了整个故事的前后因果。这种叙事性的建构，完全符合耶稣会手册《神操》中所建议的使用图像辅助想象《圣经》故事的“默想”方法（柯毅霖，1999）[15-16]。此外，与《诵念珠规程》对画面“本土化”改编的处理方式不同，《出像经解》中的大部分画面都十分忠实于原著，不仅原样复制了画面构图，连人物表情都甚为相似。

《出像经解》的“西化”特征在与《诵念珠规程》的对比中能够更明显的显示出来。比如，《出像经解》第51图“圣母卒葬三日复活升天”和《诵念珠规程》的同一题材（图8、9），都是结合纳达尔原作的两幅图像而成，但两书对图像的选取和处理却有很大区别：《诵念珠规程》依据的是纳达尔“圣母之死”和“圣母升天”两图（图8）；而《出像经解》则转而结合了“圣母送葬”和“圣母升天”两图（图9），但为了故事情节的完整性，在右侧中部的背景中，用很小的篇幅描绘了“圣母之死”这一事件，且标号“甲”，在图像下方的文字中加以解释。《诵念珠规程》和《出像经解》的同题材图像中，都删除了原作中圣母脚下略显突兀的炽天使，而《诵念珠规程》更是将围绕着圣母的所有炽天使都删除了，《出像经解》则保留了这些无身的炽天使，且在图像下方以文字说明其“天神”的身份。通过两图对比，可以看到《出像经解》对纳达尔原作的着力模仿，尤其是在对云纹的描绘上，《出像经解》并未像《诵念珠规程》那样按照中国传统画法将其装饰化处理，也没有像《诵念珠规程》那样在圣母的被单上添上花纹。

图 8 《诵念珠规程》第 11 图（中）、《福音故事图像》原图（左右）

图 9 《出像经解》第 51 图（中）、《福音故事图像》原图（左右）

与《诵念珠规程》相比，另一处有意味的删减，是《出像经解》第47图“耶稣复活”中（图6），中国画家将纳达尔原作中耶稣脚下的魔鬼和骷髅删除了。《诵念珠规程》也复制了纳达尔的同一幅图，但是，如前文所说，《诵念珠规程》只将骷髅删除，将西方魔鬼改成了类似中国镇墓兽的样式。在倍受托钵修会诟病的情况下，这样的误读是艾儒略必须竭力避免的，可能正是因为这个原因，《出像经解》将容易给中国人和托钵修士都造成“误会”的骷髅和中国式魔鬼全部删除了。

前文提到，在《诵念珠规程》中，很多《福音故事图像》原图背景中的十字架场景都被隐去，改编成中国风格的园林风景，而《出像经解》则毫无隐瞒地将这些场景全部原样再现出来，在一些早期版本插页“大秦如德亚国协露撒稜都城地图”左下角也明确标示出3座十字架（Sun, 2003）[479]（图10），这与艾儒略在《天主降生言行纪略》一书中用整整一卷26节的章节（第七卷）来讲述耶稣受难的做法相一致。更有意味的是，《出像经解》第36图“世界终尽降临审判生死”（即最后的审判 The Last Judgment）（图11）并没有完全照搬纳达尔原作对应的“最后的审判”一图，而是结合了纳达尔原作中“末日审判到来之前”一图的上半部分，在中文版本中特别添加了十字架的形象，将天父与图像下半部分恐怖的地狱场景分隔开

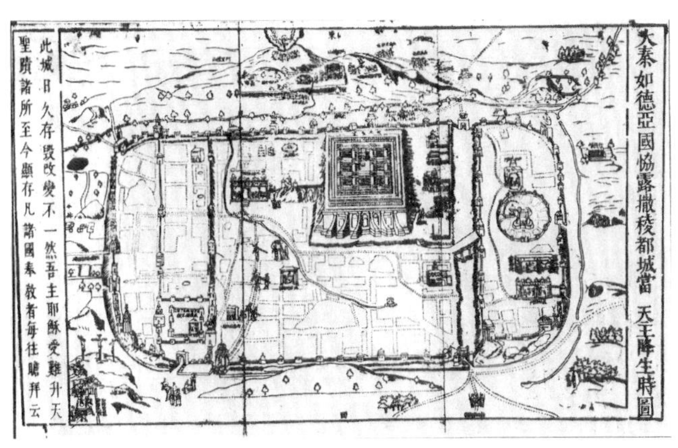

图10 大秦如德亚国协露撒稜都城地图

来，似乎暗示着通过信靠在十字架上受苦的耶稣，可以将即将堕入地狱的灵魂救入天堂。这样做的目的，不仅是为了满足福建地区普通民众对于“奇异故事”的喜爱（柯毅霖，1999）[407]，更重要的是，艾儒略在用实际行动，对托钵修会指摘耶稣会“隐瞒耶稣受难”、“隐藏十字架”这一罪状进行反驳，体现出 17 世纪 30 年代耶稣会士在传教策略上的调整。

实际上，前文提到，早在艾儒略初入福建开教时，就已多次主动向中国人展示“十字架”、“五伤”（即钉痕）和“万民四末”（即死亡、审判、天堂、地域）的图像并加以讲解[24]。柯毅霖称，艾儒略这种严肃地阐释“万民四末”的态度“与道明会士和方济各会士的方法并没有太大区别”（1999）[407]。然而，《出像经解》绝非对原作亦步亦趋地简单复制，在将西洋铜版图像“转译”为中国木刻图像的过程中，艾儒略面临的问题十分复杂：一方面既要延续耶稣会“文化适应”的传教策略，选择让中国人可以接受的方式展示基督教图像；另一方面，面对托钵修会的质疑和耶稣会新任会长传教策略的调整，还要在利玛窦时代积淀的传教基础上，更进一步地将基督教奥义展示在中国人面前。

图 11 《出像经解》第 36 图（中）、《福音故事图像》原图（左右）

24）艾儒略认为，“人既明理，又常念四末，常负己之十字架，则诸德咸备”（2000）[453]。

在这样的情况下，经由艾儒略的指导，《出像经解》的改编最终呈现出“西化”的“本土化”，即一方面力图还原西文原图、保留耶稣生平故事完整性、展示十字架等“受难”场景，另一方面又考虑到中国观众对这些图像的接受，在某些方面对图像进行了“本土化”的改编，甚至试图将中国人画到目睹耶稣升天的神圣场面中去，以示中国信徒乃是耶稣基督“救赎计划”的一部分。

（b）拼合“连环画”与“神迹”的显现

尽管《出像经解》对纳达尔原书图像改动甚少，通过对比，仍可看到其中中国画家的有意改编与创造。这些改动应当也是在艾儒略的授意下进行、或至少获得艾儒略认可的，因此，这些细节不仅体现了中国画家对西洋技法的接受与掌握程度，也体现出艾儒略为其传教策略服务的目的。比如，《出像经解》中共有4幅单图是由西文原版的两图或三图合并而来。其中，第10图“耶稣四旬严斋退魔诱”的左下和上中部、右上部、中部分别取自纳达尔原作“魔鬼试探耶稣”、“魔鬼再三引诱耶稣”、“天使侍候耶稣”3图（图12)。耶稣的形象在一幅图中出现了4次，这种叙事方式与中国传统人物故事画中（如《韩熙载夜宴图》），同一主要人物的多次出现相类似。

虽然，与《诵念珠规程》对此图“本土化”的改编相比，显然《出像经解》与原作更为相似，其改编也更多保留了原作的故事性。但是，第10图“耶稣四旬严斋退魔诱”除对原作中3幅图像的部分元素加以原样复制外，中国画家还将纳达尔“魔鬼再三引诱耶稣”一图中占据画面主体位置的西式“圣堂”加以改造，一方面将其安置在山林之中，使之在山野间隐现，另一方面，还为其画上中国建筑特有的“飞檐翘角”，这就将西式“圣堂”改造成了具有中国特色的“禅院”。中国画家还将图像左下角兔子的动态（Bailey, 2003）[409]、小块岩石的布局进行了改编，在这些微小的细节处，中国画家仍然坚持了传统的刻画方法，并未完全按照照搬原图。

这种“拼图”的形式，增强了图像的故事性，颇有“连环画“的效果。

第30图“伯大尼亚邑起死者于墓”的左上部、下半部分、右上部分别改编自纳达尔原作“拉匝禄的姐妹差人报信”、“耶稣治愈拉匝禄”、“耶稣到伯大尼”3图，此3图讲述的是耶稣传道生涯中的最后一个奇迹“复活拉匝禄”（圣经·马太福音11：1-45）。

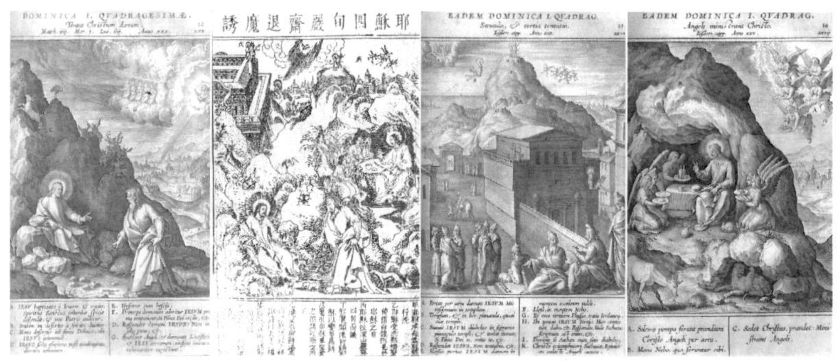

图12 《出像经解》第10图（左二）、《福音故事图像》原图（左一、右一、右二）

上文提到，在《天主降生言行纪略》中，艾儒略将《基督生平》中对耶稣基督“人性”和“苦难”的描写重点，转移到了对耶稣神迹和“神性”的着力刻画上，这在《出像经解》对《福音故事图像》的取舍上也体现出来。作为《纪略》的插图本，《出像经解》共50余幅图像中，仅与耶稣救人和显圣之“神迹”相关的图像，就达20幅。在卷首图《天主降生圣像》底部的诗文中，艾儒略明确表明了《出像经解》一书的主旨，其中就有“显神化以博爱”[25]，即通过种种“神迹”展示耶稣对世人之爱。对“神迹”的描述，很容易使中国人将“天主”与晚明神仙小说中下凡救人的“神仙”联系起来，更符合中国人对“神”的理解，还迎合了普通百姓对“神仙”

25)《出像经解》卷首图《天主降生圣像》下方诗文：“立天地之主宰，肇人物之根宗。推之于前无始，引之于后无终。弥六合兮无间，造庶类兮非同。本无形之可拟，乃降生之遗容。显神化以博爱，昭劝惩以大公。位至尊而无上，昭理微妙而难穷。”一般认为，此诗作者为徐光启，题名《耶稣像赞》，但方豪（2007）[72]认为，此诗出自许乐善之手［（李杕，1962）[1]，（Sun, 2003）[481]］。

治病救人的需求。继而通过“圣母感孕”等故事的铺垫，“下降人世的天主不是因为犯错被‘谪’入凡间，而是为了使人类‘超凡入圣’”，这就将中国人对“天主”的理解，从佛道“神仙”的层面上又上升一层，从而理解“这是一个史上唯一的降生故事，而非重复发生的‘谪仙返本’故事”（潘凤娟，2009）[132]。因此，对耶稣“神迹”和“神性”的着力刻画，可算是艾儒略继续“文化适应”传教策略的一个集中体现。

（c）中国人的参与和中国元素的添加

与拼合的改编方式并行的，是中国画家对图像元素和装饰纹样的添加，这集中体现在《出像经解》的后半部分。第39图“濯足垂训”讲述了耶稣被抓入狱前（图13），为使徒洗脚的故事（圣经·约翰福音13：1-13）。在中国画家笔下，耶稣手中的洗脚盆被绘上了中国式的花纹、水盆旁的水壶也完全变成了中国样式。在这些细节上，中国画家有了更多可供发挥的空间，艾儒略对此也并没有阻止。尤其值得注意的是，画面中对耶稣为之洗脚惊恐不安的彼得，俨然就是一个中国人的模样。

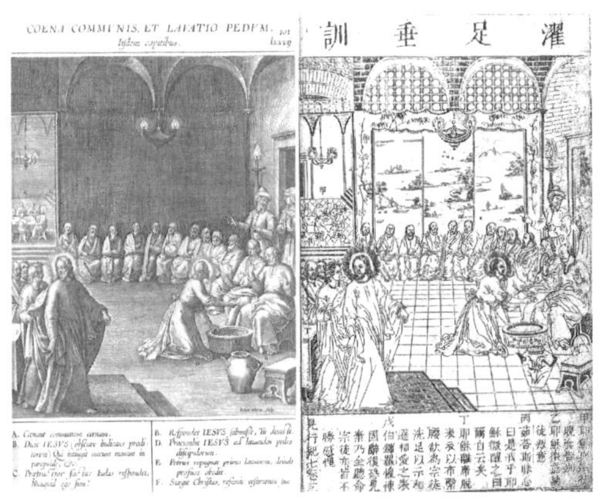

图13 《出像经解》第39图（右）、《福音故事图像》原图（左）

将中国人加入耶稣生平故事、见证神迹的场景，在最后一图“圣母端冕居诸神圣之上”中也有体现（图 14），这样做的目的，应当是出于拉近基督教与中国人的距离的考虑。但是，这些细节上的改编，却可能使中国人对整个故事的理解发生变化。“濯足垂训”一事发生在耶稣已被犹大出卖之后、法利赛人尚未行动之前，整个故事充满了临行前的悲壮之感，而在这样悲伤的时刻，通过耶稣亲手为使徒洗脚一事，又展现出神之子对世人的爱。这样既悲伤又充满爱的场面，在纳达尔的“最后的晚餐和为使徒洗脚”一图中，很好的展现出来，尤其是使徒们身处空旷的室内空间，只有熹微的灯光照亮耶稣的身影，更增添了这一场面的悲壮。然而，中国画家似乎并不理解原作这样处理空间的含义，而在空旷的室内背景中添上了风景屏风，传达出的意境是一种截然不同的恬淡隐逸。通过这种中国式元素的添加，原作所传达的悲壮与“苦难”都被弱化了，可能正是出于这个原因，在基督教入华第四次高潮到来之时（清末民初），中国版本中对原作的改动又被删除了[26]。

ASSVMITVR MARIA IN COELVM, CORONATVR À SANCTISS. TRINITATE.
聖母端冕居諸神聖之上

图 14 《出像经解》第 52 图（右）、《福音故事图像》原图（左）

26）柯毅霖注意到，“在‘为宗徒洗脚’中所作的改动，都被 19 世纪的版本删除了”（1999）[252]。

柯毅霖认为，既然在19世纪的版本中，图像数量增加了一倍，那么，其中删除的部分应当也并非出于偶然（1999）[252]，而《出像经解》最后一图“圣母端冕居诸神圣之上”就在后来的版本中也被删除了（圖14）。这幅图与纳达尔的原图也有很大差异，许多学者都已经注意到了左下方人群中的中国人，以及图示“丁”所表示的中国建筑，为强调这些异国建筑，艾儒略还在图下方的文字中特别说明“天下万方恭建殿宇崇奉圣母受其种种恩庇”，这与《天主降生言行纪略》中艾儒略也特别添加“宗徒敷教万方”的文字相符。通过这样的改编，艾儒略向中国人传达了“天下万方”均受救世主和圣母庇佑的信息，尤其强调了中国信徒已为基督教世界所承认，是耶稣基督“救赎史”和“救赎计划”（柯毅霖，1999）[252]的一个组成部分，从中可以看到艾儒略强烈的“文化适应”意识。

（d）对“苦难”的中国式弱化

第40图“立圣体大礼”是对纳达尔“最后的晚餐”的改编（图15），虽然原作上方中央圆框中的小图“最后的晚餐”、以及前景人物（包括使徒们的赤脚）和构图基本被保留下来，但是，在中国画家笔下，画面的空间被重新改造：

首先，原图中纵深的空间背景被一块缀满花朵的幔布隔开，背景墙的左右两侧还分别绘上了两幅西洋建筑画，既像是从窗户向外看到的景观，又像是挂在墙上的装饰画。通过添加这块碎花布的日常化的、装饰性的改编，原作纵深空旷的空间感以及由此而烘托出的“最后的晚餐”之凝重感，都被削弱了。

其次，虽然中国画家尽力模仿原图中门徒愁容满面、或因悲伤而闭上双眼的神情，可能是由于木版画技巧不适于表现细微的人物表情，使得原铜版画中众门徒肃穆的表情，在中国木刻版本中很难体现出来，相反，原图中悲伤的门徒，在中国版本中，似乎面带微笑。

最为有趣的是，中国画家在原样复制餐桌左前方暗示犹大身份的魔鬼的同时，还别出心裁的在餐桌下方添上了一只趴在地面、露出脑袋的狗，

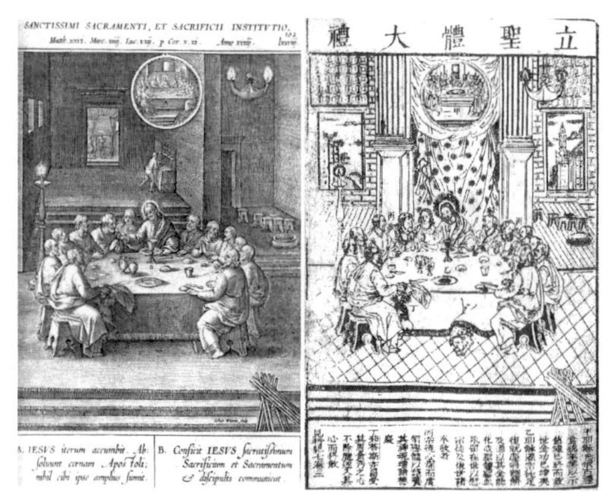

图 15 《出像经解》第 40 图（右）、《福音故事图像》原图（左）

原本平整的餐布上，也依狗的身形画上了皱褶。那么，经过这样有意（比如中国式的布幔和餐桌下方特别添上一条狗）或无意（比如可能是囿于技术而无法还原使徒脸上微妙的表情）的改造，与原图相比，这幅中国版“最后的晚餐”，缺少了应有的肃穆气氛，使整幅图看起来极具生活气息，仿佛是救世主与圣徒降临到中国家庭，其乐融融的共进晚餐。

正如柯毅霖在《晚明基督论》中所说，作为“基督论”之核心，耶稣的“受难”及“苦难”意识，在晚明社会中的传播实际上并不成功。柯毅霖（1999）[411] 在其著作结论部分略显遗憾地说，“艾儒略没有形成真正的中国基督论……他与中国人在一起逐渐中国化了，但他毕竟还是欧洲人。事情还能怎样呢？”的确，作为一个对中国画有着天然误解的传教士，作为一个在文艺复兴之“写实”的视觉文化传统中成长起来的外国人，即便是在中国生活了40年，艾儒略仍不可能完全从一个中国人的视觉文化方式和习惯出发，来完全、完整地以中国人不会误解的图像方式阐述他想表达的内容。明清之际基督教图像的传播的确给中国文化注入了新鲜血液，但是，中国人所看到的、理解的、汲取的，却远非基督教核心之“苦难”意识，因为，这种意识是中国传统文化所缺乏的，即便是传教士想要明确地通过图像将之传达出来，中国人（包括中国画师）对图像的阐释，仍然极大地将其弱化了。甚至，到了反教人士那里，关于阐释“苦难”和耶稣基督“道成肉身”之图像，恰恰成了他们误解的口实。

四　结语

从《诵念珠规程》的“本土化”改编到《出像经解》的“西化”成因及意义

从《诵念珠规程》图像的“本土化”改编（如对背景人物和透视法的省略、中国传统符号和意象的引入、大量的“留白”以烘托主题）来看，这部宗教出版物在“西画东渐”的过程中扮演了十分重要的角色。在许多细节上可以看到这种“本土化”改编竭力对“误读”的避免，但是，在不同的社会文化“语境”下，图像“转译”的过程事实上也正是滋生“误读”的开始。尽管如此，必须承认，从艺术技法、构图、形象和意境的营造等艺术角度来说，《诵念珠规程》的“本土化”改编是成功的，后人将其附会为“董其昌”之作，可为肯定其艺术水平的一个明证。

但是，以往对《诵念珠规程》图像的研究，往往直接从图像入手，对其产生背景多有忽视，这就导致将图像的“本土化”改编解释为中国工匠的技法局限。笔者认为，中国工匠画师的“技法”，只是影响图像转译过程的一个方面。尤其是在西洋传教士组织出版的印有“圣像”的宗教书籍中，对图像的改编更不会仅仅以审美或“技法”为转移。

因此，对《诵念珠规程》图像“本土化”的研究，必须结合其产生的时代背景、制作主体等历史语境：耶稣会士罗儒望选择出版与多名我会深有渊源的《玫瑰经》，实则以讲述“圣母”生平事迹之《玫瑰经》，向更熟悉和偏爱“圣母”形象的中国人讲述基督教的奥义。一方面，“利玛窦时代”的耶稣会士十分注重对“圣母”图像而非“耶稣”形象的使用，这样的选择符合早期以利玛窦为首的耶稣会士所秉承的“文化适应”的传教策略；另一方面，《诵念珠规程》出版之时，正值明清之际基督教入华面临第一次大规模迫害，即“南京教难”前后，传教士在华正面临着晚明以来前所未有的危机，在这样的情况下，其宗教出版物必须以更为“温和”，或者说更为“本土化”的面目出现在中国人面前，以中国人喜闻乐见的形式传播教义的同时，还要避免引起更为激烈的非议。

在“南京教难”的历史背景下，耶稣会士罗儒望主持编译出版了这部第一本中文教义插图书，而正是鉴于这样的历史背景，结合传教策略，这本插图书被塑造成了中国基督教艺术“本土化”的一个典范。那么，随着时间的推移和传教环境的变化，在下一个历史节点，根据不同的传教需求和传教策略，基督教插图出版物又持续发生着图像转译上的变化，以20年后在福建出版的《天主降生出像经解》为例，与利玛窦时代相比，17世纪30年代，艾儒略在福建的传教面临着更为复杂的局面。

首先，利玛窦的继任者、中国传教区长上龙华民一改以往利玛窦“走上层路线”的传教方式，倾向于通过发展底层信徒扩大基督教在中国的影响，这种新的传教策略从艾儒略深入福建乡间的传教方式上可以体现出来。但是，受到利玛窦精神鼓舞的艾儒略，从未放弃与上层人士的交游，相反，艾儒略的传教活动往往就是通过与中国官员的“友谊”展开的，艾儒略进入福建传教的契机，实际上也得益于他和叶向高等中国文人士大夫的“友谊”。从《天主降生言行纪略》和《出像经解》的图文合集来看，这样的合集既适合知识分子阅读，也同时方便目不识丁的底层百姓阅览，可见，艾儒略的传教方式，实际上是利玛窦“走上层路线”策略和龙华民深入基层策略的融合统一。

其次，相比“利玛窦时代”耶稣会垄断中国传教权的局面，艾儒略所处的17世纪30年代，既要面对来自耶稣会内部“上层路线”和“基层路线”传教策略的分歧，又要面对来自耶稣会外部与托钵修会关于“文化适应”传教策略的争执，尤其是在艾儒略传教的福建，这种争执更为严重，甚至引发了17世纪30年代后期的“福建教难”。不仅如此，这种基督教修会之间争执的扩大化，直接导致中国当局和罗马教廷之间“礼仪之争”的升级，其结果就是18世纪初的“全面禁教”，以及18世纪后期耶稣会的被迫解散。艾儒略虽未看到这些结果，但面对初入福建的托钵修会的指控，和来自罗马教廷的关于“译经”等问题的压力，艾儒略在17世纪30年代的传教策略，实际上也体现出他对这些问题的回应。一方面，艾儒略进入福建以来，大量出版中文著述，以此方式继续坚持利玛窦的“文化适应”的传教方式；另一方面，在这些中文著述中，与利玛窦相比，艾儒略更为明确地阐释并捍卫着基督教教义，尤其在遇到与儒家思想不同之处，艾儒略并未像利玛窦一样避之不谈，这样做可能也出于免遭托钵修会诟病及教廷指责的考虑。

而从这些图像半“本土化”半“西化”的改编中，既可以看到在17世纪30年代的复杂形势下，艾儒略与利玛窦等前人所不同的“本土化”传教策略，也可以看到中国画家对细节在某种程度上的自由发挥，不可避免地影响了中国人对基督教的认识和理解。此外，从中国画家对其中一些图像元素在改编基础上的再造中，可以看到，在17世纪30年代，中国画家已经能够按照西文原图比较忠实地复制西洋图像，已经可以在他们的再创作中，初步运用阴影画法和透视法了。更为可贵的是，中国画家已经能够根据艾儒略的改编需要，自如地在画面上添加西洋人物和建筑了。而笔者认为，对这些图像视觉表象上的变化，仅仅从审美和艺术技法等“去语境化”的角度加以解读，是远远不够的。

【参考书目】

罗儒望．诵念珠规程 // 钟鸣旦，杜鼎克．耶稣会罗马档案馆明清天主教文献．台北利氏学社，2002：515-574.

艾儒略．天主降生出像经解 // 钟鸣旦，杜鼎克．耶稣会罗马档案馆明清天主教文献．台北利氏学社，2002：527-582.

艾儒略．口铎日抄 // 郑安德．明末清初耶稣会思想文献汇编（第一卷第九册），北京大学宗教研究所，2000：379-659.

利玛窦．利玛窦全集：利玛窦中国传教史．罗渔，译．台北：光启出版社，辅仁大学出版社，1986a.

利玛窦．利玛窦全集：利玛窦书信集．罗渔，译．台北：光启出版社，辅仁大学出版社，1986b.

利玛窦．利玛窦中文著译集．朱维铮．上海：复旦大学出版社，2001.

利玛窦．利玛窦中国书札．芸娸，译．北京：宗教文化出版社，2006.

利玛窦，金尼阁．利玛窦中国札记．何高济，等译．北京．中华书局，2010.
闵明我．上帝许给的土地：闵明我行记和礼仪之争．何高济，等译．郑州：大象出版社，2009.
杨光先．不得已．续修四库全书（卷 1033）．上海古籍出版社，1995：443-502.
柯毅霖．晚明基督论．王志成，思竹，汪建达，译．成都：四川人民出版社，1999.
裴化行．天主教十六世纪在华传教志．萧浚华，译．上海：商务印书馆，1936.
裴化行．利玛窦评传．管震湖，译．北京：商务印书馆，1993.
方豪，吴相湘．天主教东传文献．台北：台湾学生书局，1965.
方豪，吴相湘．天主教东传文献续编（三卷）．台北：台湾学生书局，1966.
方豪，吴相湘．天主教东传文献三编（六卷）．台北：台湾学生书局，1972.
方豪．中国天主教史人物传．北京：宗教文化出版社，2007.
萧若瑟．天主教传行中国考．沧州：河北献县天主堂，1923.
萧若瑟．圣教史略：卷三．近世纪．沧州：河北献县天主堂，1932.
费赖之．在华耶稣会士列传及书目．冯承钧，译．北京：中华书局，1995.
邓恩．从利玛窦到汤若望．晚明的耶稣会传教士．余三乐，石蓉 译．上海古籍出版社，2003.
魏特．汤若望传．杨丙辰，译．台北：台湾商务印书馆，1949.
荣振华，等．16-20 世纪入华天主教传教士列传．耿昇，译．桂林：广西师范大学出版社，2010.
苏立文．东西方美术的交流．陈瑞林，译．南京：江苏美术出版社，1998.
汤开建．明清之际天主教艺术传入中国内地考略．暨南大学学报（人文社科版），2001，23(5)：123-131.
叶农．西来孔子：艾儒略中文著述与传教工作考述．暨南学报（哲学社科版），2009(5)：118-123.
林金水．"西来孔子"与福州基督教的传播．闽都文化研究．2006(2)：515-52.
莫小也．17-18 世纪传教士与西画东渐．杭州：中国美术学院出版社，2002.
潘凤娟．述而不译？艾儒略《天主降生言行纪略》的跨语言叙事初探．中国文哲研究集刊，2009(3)：111-167.
何俊，罗群．《出像经解》与晚明天主教的传播特征．现代哲学，2008(4)：86-93.
肖清和．诠释与歧变．耶稣形象在明清社会里的传播及其反应 // 卓新平，许志伟．基督宗教研究（第十四辑）．北京：宗教文化出版社，2011：316-354.
徐宗泽．明清间耶稣会士译著提要．上海书店出版社，2010.
李杕．增订徐文定公集．台北：徐懋禧印，1962.
《基督教词典》编写组．基督教词典．北京语言学院出版社，1994.
Nadal, Jerome, Evangelicae Historiae Imagines. Antwerp: Plantin-Moretus publishing house, 1593.
Nadal, Gerónimo. Annotations and Meditations on the Gospels: The Infancy Narratives. Philadelphia: St Josephs University Press, 2003.
Bailey, Gauvin Alexander. Art on the Jesuit Missions in Asia and Latin America, 1542-1773. Toronto: Univ. of Toronto Press, 1999.
Malek, Roman. The Chinese Face of Jesus Christ. Sankt Augustin, Germany: Jointly

published by Institut Monumenta Serica and China-Zentrum. 2003.
O'Malley, John W. The Jesuits and the Arts: 1540–1773. Philadelphia: Saint Josephs University Press. 2005.
McCall, John E. Early Jesuit Art in the Far East I: The Pioneers. Artibus Asiae, 1947, 10(2): 121–137.
McCall, John E. Early Jesuit Art in the Far East IV: in China and Macao before 1635. Artibus Asiae, 1948, 11 (1/2): 45–69.
Standaert, Nicolas. Handbook of Christianity in China: Volume One (635–1800). Leiden: Brill, 2001.
Standaert, Nicolas. The Transmission of Renaissance Culture in Seventeenth-century China. Renaissance Studies, 2003, 17(3): 367–391.
Sullivan, Michael. Some Possible Sources of European Influence on Late Ming and Early Ch'ing Painting// National Palace Museum (Republic of China). Proceedings of the International Symposium on Chinese Painting. Taipei: National Palace Museum, 1970: 595–634.
Sun Yuming. Cultural Translatability and the Presentation of Christ as Portrayed in Visual Images from Ricci to Aleni//Malek, Roman. The Chinese face of Jesus Christ, Vol.2. Sankt Augustin, Germany: Jointly published by Institut Monumenta Serica and China-Zentrum, 2003: 461–498.
The Catholic Univeristy of America. New Catholic Encyclopedia, Vol.1–16. The Gale Group, Inc., 2002.
Vanderstappen, Harrie, S.V.D. Chinese Art and the Jesuits in Peking// Ronan, Charles E., S.J., Bonnie B.C. Oh. East Meets West: The Jesuits in China 1582–1773. Chicago: Loyola University Press, 1988: 103–128.
Winston, Anne. Tracing the Origins of the Rosary: German Vernacular Texts. Speculum, 1993, 68(3): 619–636.

历史上圣像的三次中国化转换

李　雪　涛

本文所指的“圣像”是从西文的Iconography（圣像志、图像志）一词而来的，但它已经不局限于基督教的主题了。实际上从20世纪上半叶起，圣像志就已经成为了艺术史学科一种重要的方法论了。“圣像志”所强调的是人们对圣像在时间轴纵向的理解，而西文中的Iconology（一般译作“圣像学”、“图像学”）才是对图像在当代发展的整体研究。本文研究的是起源于异质文明的圣像主题，在中国不同历史情境下的演变和发展[1)]。

1　缘起

荷兰莱顿的汉学家许理和（Erik Zürcher, 1928-2008）一生研究过三个与中国历史相关的内容：一是佛教传入中国；二是明清之际天主教进入中国；三是马克思主义的中国化。由于我自己做中国佛教研究，20世纪90年代在德国留学和工作的时候，我就曾读过他的名著《佛教征服中国》（*The Buddhist Conquest of China*, 1959）[2)]。后来我又读了他两卷本的专

1）有关“圣像志”与“圣像学”的概念解析，请参考：张省卿《艺术史学科的创立－德国艺术史巨擘瓦堡》，载《艺术家》1993年6月号（总第265期），第447页。

2）*The Buddhist Conquest of China. The Spread and Adaptation of Buddhism in Early Medieval China.* Third Edition with a Foreword by Stephen F. Teiser (Leiden: Brill 2007)．此书1959年版本的中文译本：许里和著，李四龙、裴勇等译：《佛教征服中国》，南京：江苏人民出版社，1998年。日译本为：田中純男・成瀬良德・度會顕・田中文雄訳『仏教の中国伝来』、せりか書房、1995年。

著：《李九标〈口铎日抄〉——一位晚明基督徒的日志》，这部 862 页的巨著是作为“华裔学志”（Monumenta Serica）丛书之一种于 2007 年在德国出版的[3]。《口铎日抄》是中国改信天主教以及对这一宗教感兴趣的知识分子于崇祯三年（1630）至十三年（1640）间在中国南部省份福建与耶稣会传教士之间的谈话记录。中国知识分子的代表人物李九标（约明崇祯初前后在世，字逢时），将这些冲突写在了日抄之中。从这些第一手的资料中我们可以窥见李九标是如何在庞杂的儒学思想体系中找到自我身份认同的。再后来我又读到许理和写的一些有关马克思主义中国化的文章[4]。因此，我对许理和汉学研究的理路非常好奇：他是如何将佛教、基督教和马克思主义，亦即东汉、魏晋、明末清初和清末民初贯穿起来的，他为什么会特别选择这几个时段来做研究呢？

作为一个汉学家，许理和自然想了解中国的特点究竟是什么？但他并不认为通过阅读《论语》、《孟子》和《二十四史》就可以做到这一点，因为他认为这些由中国人自己写的书，是没有办法认清他们自身的。从什么角度可以更好地研究中国？他当时就想，如果想了解、认识他的一位邻居，可以通过以下各种方式：比如看这个邻居跟哪些人交往，他读什么书，从事什么职业等等。但最好的方式是：看这个邻居在跟别人吵架时的反应？因为只有在跟别人吵架的时候，人才能把自己的本性下意识地、淋漓尽致地表现出来。同样，中国文化在面对外来文化冲击时的反应，也尤其能表现出其自身的特质来。佛教在公元前后进入中国，中国在面对来自异域的印度文明的冲击时，是如何反应的？许理和在《佛教征服中国》中选择了那些能突显中国思想史的原典：《高僧传》以及《弘明集》等护教的文献，

3）*Kouduo richao. Li Jiubiao's Diary of Oral Admonitions. A Late Ming Christian Journal*, translated, with Introduction and Notes by Erik Zürcher. Monumenta Serica Monograph Series LVI, Sankt Augustin — Nettetal, 2007.

4）Cf. *Geschiedenis van het Chinese communisme. Overzicht en chronologie*, Leiden: Documentation for the current China, Sinological Institute, 1970; *Chronologie van de Culturele Revolutie*, Leiden: Documentation for the current China, Sinological Institute, 1971.

在这些文献中，佛教信众、僧人阶层以及居士面对来自各方的批判予以了回应。1583 年，利玛窦（Matteo Ricci, 1552-1610）等欧洲耶稣会士来到中国之后，中国知识分子面对来自西方基督教文明的冲击，又是如何反应的呢？当时出现的《破邪集》、《圣教辟邪集》、《口铎日抄》等都能显示出中国士大夫阶层面对西方基督教文明冲击时的反应。19 世纪下半叶以来，世俗的思想和知识不断传到中国，马克思主义也不例外，中国传统的知识精英对此又是如何反应的呢？许理和认为，通过中国历史上的这三个横截面，——亦即中国文化在面对外来文明冲击时的反应，可以更好地了解、认识所谓的“中国性”（chinaness）是什么。许理和说：“我相信中国文化每在遇到外来冲击的时候，特别能表现出她的特质”[5]。实际上，历史上圣像的三次中国化转换也恰恰发生在中国历史这三个大的时段之中。而从圣像志的意义来看，中国历史上所实现的这三次圣像转换，标志着具有中国特色的宗教和政治学说的最终形成。

图 1　荷兰著名汉学家许理和教授

5）王家凤、李光真著《当西方遇见东方：国际汉学与汉学家》，台北：中华书报杂志社，第 135 页。

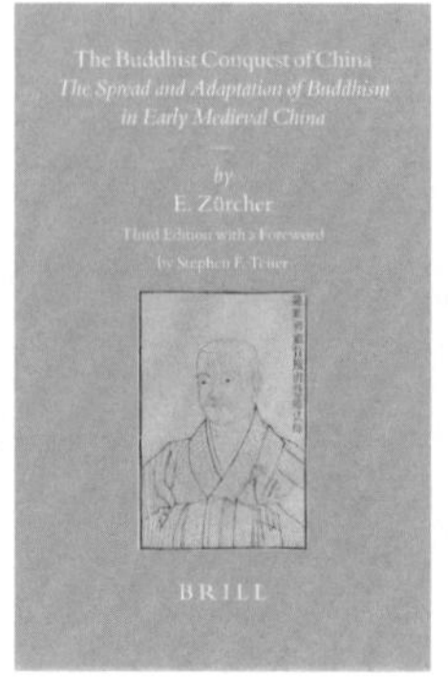

图 2 《佛教征服中国》1959 年和 2007 年英文版，《口铎日抄》2007 年英文版上册书影

2　汉传佛像与中国佛教

2003 年，顾彬（Wolfgang Kubin, 1945-）教授在为我翻译的德国学者吴黎熙（Helmut Uhlig, 1922-1997）的《佛像解说》"中文版序"中写道，中国的翻译激情由来已久，"其源头可以追溯到近两千年前佛教传入中国的时代。从那时起，中国不仅翻译了佛经，同时也把佛像'翻译'了过来"[6)]。他认为，中国人不仅翻译了佛教经籍的文字部分，同时也将佛像"翻译"成了中国式的。

以人的形象出现的佛像始于地处印度西北的贵霜王朝时期（55-425，其中 2 世纪是其巅峰时期），这当然是受到了希腊、伊朗等西方文化的影响。从公元 1 世纪犍陀罗首次制作出佛陀的造像之后，佛教艺术在印度的发展经历了以下几个阶段：马土腊→阿默拉沃蒂→笈多王朝→波罗等不同的艺术风格[7)]。

6）顾彬"中文版序"，收入：吴黎熙著，李雪涛译《佛像解说》，北京：社会科学文献出版社，2003 年，第 1 页。

7）请参考上揭：吴黎熙著，李雪涛译《佛像解说》，其中《犍陀罗、马土腊及阿默拉沃蒂》、《笈多王朝及佛教的古典时代》以及《波罗时代及佛教艺术在印度的终结》（第

图 3 《佛像解说》德文版（1979）和中文版第 2 版（2010）书影

佛像进入中国以后，经历了中国化的过程。在江苏连云港的孔望山所发现的汉代磨崖佛教造像，被断定是公元 2 世纪后半叶的作品。其中有佛陀涅槃图、太子舍身饲虎图、佛像、力士像、象像等[8]，尽管保留了一些印度的成分，但其样式与当时流行的画像石以及汉代浮雕很类似。其后随着佛教在中国盛行，在 5 至 8 世纪前叶，佛教造像在中国盛极一时。此时的造像已经完成了佛像的中国化转换：南北朝时代的造像尽管已经从印度式改为了完全具有汉文化传统的容貌与服饰，但直到盛唐时代才实现了在理想和写实上的调和。以石窟造像为例，云冈石窟中开凿于 5 世纪中后叶的昙曜五窟，在代表佛陀的同时，也模拟北魏五代皇帝的形象，象征具体的皇帝个人，这是在印度佛教中从来没有出现过的现象。而开凿于 6 世纪初的龙门石窟宾阳中洞的主佛——释迦摩尼的服饰，一改云冈石窟佛像那种偏袒右肩式袈裟，而身着宽袍大袖袈裟。此时龙门石窟造像普遍出现了瘦削型的“秀骨清像”和“褒衣博带”式的中原风格服装。这种新风格因为形成于中原腹地的北魏都城洛阳西南的龙门石窟，被称为“中原风格”。在

29-46 页）三部分。

8）请参考：连云港博物馆《连云港市孔望山摩崖造像调查报告》，载：《文物》1981 年第 7 期，第 1-7 页，以及“图版”壹 - 肆。

龙门石窟中，凿于7世纪后期的奉先寺洞的卢舍那大佛是按照武则天的形象塑造的。大佛丰颐秀目，形态圆满，安详呈微笑状，仿佛一位睿智而慈祥的世间智者。印度式的佛像由西域进入河西走廊，再到云冈，最后到达龙门，从而形成了"帝王即佛"意义上的中国式佛像的转换，至此中国佛教艺术也臻于完善[9]。

图4　龙门奉先寺中按照武则天的形象塑造的卢舍那大佛（672），形成了"帝王即佛"意义上的中国式佛像的转换

按照印度人的理解，大菩萨相说，都是大丈夫相，观音（Avalokiteśvara）菩萨的造像当然也是男性的形象。《华严经》也记载说："勇猛丈夫观自在。"[10] 因此，唐代以前的观音，也总是大丈夫相的，经常是带着胡须的。尽管南北朝时期的5世纪已经出现了女性观音的图像，然而一般民众对象征着母爱和大慈大悲的女性观音菩萨造像的信仰却是在唐代以后。中国民间有所谓的"正观音"的说法，是头戴天冠的观音菩萨（天冠中有阿弥陀

9）请参考：吴焯著《佛教东传与中国佛教艺术》，杭州：浙江人民出版社，1991年，第381-388页。

10）《大正藏》10-366c。

佛像)，结跏趺坐，手中持莲华，或者结定印[11)]。

佛像并非仅仅是供信徒顶礼膜拜的对象，中国佛教也从佛像中产生了重要的修持方法——“观佛三昧”，亦即将心定于佛陀相好一处之安定状态，观想其功德。观（Vipaśyanā）乃是具有观想事物的真性，进而契入所观之物，与之冥合为一，从而发起正智之意。在中国佛教中常常将表示静息动心、灭止烦恼、使心安住于一境的“止”（Śamatha）与之合用，形成“止观”之法。天台因特别注重此二法的修持，故也被称作止观宗。在中国佛教中，观佛除一般观想佛身之相好外，亦有法身、实相等诸观，并发展出了所谓“四种念佛之法”。由此获得宗教学上所谓对神圣存在的个人领悟，而作为神圣存在的终极实体，是在日常生活中根本体验不到的。它既要以人的形态（以佛像作为观想的对象）出现，但又必然要超越理性的分析和普通的知识内容和文化习俗。据云栖袾宏重订《法界圣凡水陆胜会修斋仪轨》卷六载，念佛之法凡有四种：持名念佛、观像念佛、观想念佛、实相念佛[12)]。由以上四种念佛之次第，可以知道“观像念佛”和“观想念佛”都是跟作为观想对象的佛像有着直接关系的，换句话讲，佛像对信众来讲，绝非仅供顶礼膜拜的对象，对它的观想更构成了修行的基本方法。从现代宗教学的方面来理解，“观佛”实际上是与真理和完美的本源保持联系的一种有效修行方式。

中国哲学家冯友兰（Feng Yu-lan, 1895-1990）将佛教分为“在中国的佛学”（Buddhism in China）和“中国的佛学”（Chinese Buddhism），后者已经与中国的思想结合在了一起，是联系着中国的哲学传统发展起来的[13)]。汉传佛教成为了真正具有中国特色的佛教，佛像也成为了中国式的艺术形象。

---

11) 相关的研究，请参考：Chün-fang Yü, Kuang-yin. *The Chinese Transformation of Avalokiteśvara*. New York: Columbia University Press, 2001.

12)《卍续藏经》74-820a。

13) 冯友兰著，涂又光译《中国哲学简史》，1985 年，第 281 页。

3 基督教造像的中国化

1500年以后，随着新航路的开辟和殖民主义者的东来，中西交通的路线几乎完全转移到了海道，即自欧洲大西洋海岸诸港绕好望角前来中国；中西交通中西方的主角从过去的中亚、西亚和北非各国和地区，几乎完全转移到了欧洲国家。中西文化交流的内涵，也从之前的佛教伊斯兰等文明与中国文明的交流，转变为欧洲基督教文明与中国文明的交流。

1583年进入中国内地传教的耶稣会传教士利玛窦，自1590年在韶州开始有意识地采用他之前的耶稣会东亚地区视察员范礼安（Alessandro Valignani, 1537-1606）的“适应方法”，他两次改变了自己的服饰（僧服和儒服），学会了汉语，并且调和了天主教教义与传统儒家思想。

以利玛窦所绘制的《坤舆万国全图》为例，从他刚到肇庆的时候便开始制作，一直到他去世之前不断修订[14)]。今天日本东北大学附属图书馆“狩野文库”重新复制的这幅地图，整体看来就像是一幅中国画：除了主体的地图之外，还有外加方框的众多题跋以及说明性的文字，从而构成了一种空间上的对话。由于这幅地图上标注了地理位置、天文知识、风土人情、宗教信仰、特色物产等多种信息，因此它跟当时欧洲流行的同种地图相比较，篇幅要大得多。众多的说明文字，是为了补充地图描绘的不足。另一些的序跋题识，说明了地图编绘的原因和经过，其中既有作为主要创作者利玛窦的说明，同时也有他的中国合作者的回应[15)]。作为地图传播者的利玛窦与中国的合作者的讨论过程，无疑在很大程度上改变了原来的世界地图，同时在一定程度上，他本人也是接受者[16)]。

14) 李雪涛《利玛窦世界地图及其思想史意义》，载：孙承会、沈国威、李雪涛主编《东亚与世界》（第二辑），北京：社会科学文献出版社，2015年3月，第1-20页，此处见第3页。

15) 出处同上，第8页。

16) 出处同上，第10页。

1601年1月26日（万历二十八年十二月二十四日）利玛窦在献给万历皇帝的礼物中，就包含了“天主图像一幅”、“天主母图像两幅”[17]。其后的天主教传教士带来了大量的西方宗教绘画作品，此外，他们在澳门和北京等地创作了大量油画并在中国刻印了具有中国风格的木刻版画：具有三维透视的铜版基督教绘画，也变成了平面的儒家传统的人物形象。

明末在中国出版的三种天主教版画集在基督教图像中国化方面具有重要的影响，它们分别是：

书名及出版年代	编者	内容	制作者	底本信息	其他
《诵念珠规程》（1619）	罗儒望（Joao da Rocha, 1566-1623）	《玫瑰经》中15个故事的木版画	董其昌（1555-1636）	Jerome Nadal, *Evangelicae Historiae Imagines*, Antwerp, 1593.	
《天主降生出像经解》（1637）	艾儒略（Julius Aleni, 1582-1649）	收录56幅版画，外加一幅卷头插画		（同上）	
《进呈书像》[18]（1640）	汤若望（Johann Adam Schall von Bell, 1592-1666）	收录48幅版画，描绘耶稣事迹，并附简短中文说明		（同上）	汤若望将其进献给了崇祯皇帝

也就是说，这三部为中国士大夫编纂的木版画基督教圣像集在万历后期到崇祯中后期的20多年间陆续出版，从中可以看出当时的天主教传教士试图通过文化适应的方式使天主教信仰获得在异质文化中立足和传播的可能性。这些尝试并非简单的复制和重复，而是在与完全异质的儒家文化相互渗透后，所得到的重构[19]。

这三部基督教圣像集的来源是耶稣会士纳达尔（Jerome Nadal, 1507-

17）《正教奉褒》，上海：慈母堂第三次排印，1904年（光绪三十年甲辰孟秋月），叶4b-5a。

18）相关的研究见：Nicolas Standaert, *An Illustrated Life of Christ Presented to the Chinese Emperor: The History of Jincheng shuxiang (1640)*. Monumenta Serica Monograph Series, vol. LIX, Sankt Augustin — Netteltal, 2007.

19）请参考：路遥《明末天主教版画艺术中国化探析——以艾儒略〈天主降生出像经解〉为例》，北京外国语大学硕士论文，2012年。

1580）的《福音故事图像》（*Evangelicae Historiae Imagines*, 1593）。纳达尔是耶稣会的创始人依纳爵·罗耀拉（Ignatius Loyola, 1491-1556）的密切合作者。罗耀拉在去世前不久，曾要求纳达尔监督一个《圣经》故事铜版画的项目，以促进人们对福音书中耶稣的“观想”。纳达尔坚信，通过思考这些福音故事的场景，以及耶稣的言行，一个人能够在自己的生活中接受耶稣的价值观。三部中文的圣像集都使用线刻的方法，舍弃了当时在欧洲较为普遍的“铜蚀版画”的凹版，代之以明末极为流行的木版画的形式。在创造中国式的圣母时，中国的艺术家无疑借鉴了明代著名画家丁云鹏（1547-1628）“白衣大士”——观音的形象。圣像集中的人物也都从西洋的人物转换成了线条精制细腻的“明式”人物。

图 5　左图为纳达尔书中的“受胎告知”原图，右图为《念珠规程》中的“观音化”圣母图

在明末的中国，圣像作为一种外来符号的植入，以及本土符号的生成，既印证了基督教对中国文化的影响，同时也说明了中国的传统其实也以自己的方式进入了基督教的叙述体系，甚至改变了它的体系[20]。甚至观音式的圣母，也逐渐成为基督教圣像中的典范之一[21]。

4 马克思与马克思主义的中国化

19世纪70年代初张德彝（1847-1918）出使法国后的《三述奇》[22]以及王韬（1828-1897）的《普法战纪》[23]都对巴黎公社进行了描述，让中国的士大夫第一次接触到了当时西方的社会主义思潮。而首次将马克思主义介绍到中国来的是英国浸礼会（BMS）1870年来华的传教士李提摩太（Timothy Richard, 1845-1919）。1899年《万国公报》连载了李提摩太节译、蔡尔康笔述的《大同学》—— 英国社会学家颉德（Benjamin Kidd, 1858-1916）所著的《社会的进化》（*Social Evolution*. Macmillan, 1 January 1898）一书。在这篇节译的文字中，提到"其以百工领袖著名者，英人马克思也。马克思之言曰，纠股办事之人，其权笼罩五洲，突过于君相之范围一国。"[24]而马克思的像最初传入中国则是在1907年印行的中文大型画册《近世界六十名人》上，这是一张马克思于1875年在伦敦拍摄的照片，后来在中国广泛流传，并且被运用在1920年8月出版的由陈望道翻译的《共产党宣言》的封面上，以及后来苏区的纸币上。但这些依然是根据马克思像绘制的，并非中国式的艺术形式。

20）杨慧林《读褚潇白〈圣像的修辞〉》，收入：褚潇白著《圣像的修辞》，北京：中国社会科学出版社，2011年，第1-3页。

21）基督教圣像中国化一直持续到民国时期，请参考：Lorry Swerts and Koen De Ridder, *Mon Van Genechten (1903-1974), Flemish Missionary and Chinese Painter: Inculturation of Christian Art in China*. Leuven: Leuven University Press and the Ferdinand Verbiest Foundation, 2002.

22）张德彝《随使法国记》，收入：钟叔河编《走向世界丛书》II（修订本），长沙：岳麓书社，第287-599页。

23）张宗良口译；王韬辑撰《普法战纪》14卷（1函8册），上海：中华印务总局，1873年。

24）《大同学第一章》"今世景象"，载《万国公报》（卷一百二十一，1899年2月），叶13a。

1921 年中国共产党成立后，一直将马克思主义作为中共的指导方针。党的领袖毛泽东（1893-1976）早在延安时期召开的六届六中全会（1938 年 10 月）上所做的政治报告《论新阶段》中，就曾指出："离开中国特点来谈马克思主义，只是抽象的空洞的马克思主义。因此，马克思主义的中国化，使之在每一表现中带着必须有的中国的特性，即是说，按照中国的特点去应用它，成为全党亟待解决的问题。"[25] 在毛泽东看来，只有坚持将马克思主义的基本原理同中国革命的具体实践相结合，才能坚持并发展马克思主义。今天中国共产党又提出将马克思主义同中国建设和改革的实践相结合，把马克思主义根植于优秀的中华文化之中的主张[26]。

在这一过程中，马克思的形象也从照片、油画逐渐过渡到具有中国特色的"中国画"马克思像。从今天所遗留下来的马克思像来看，1930 年湘鄂赣省苏政府文化部战斗画报社绘制的"马克司遗像"—— 马克思板画像[27]，可谓是较早的中国艺术家的创作。这幅版画作品，线条粗犷，具有很强的艺术表现力。

图 6　1930 年湘鄂赣省苏政府文化部战斗画报社绘制的"马克司遗像"

25）毛泽东著《毛泽东选集》第 2 卷，北京：人民出版社，第 534 页。

26）杨佳江《马克思主义植根于中华优秀传统文化的若干思考》，载：《社会科学》，2018 年第 1 期，第 2 页。

27）现藏于"秋收起义文家市会师纪念馆"。

1949 年以后，中国大陆的艺术家给马克思、恩格斯造了很多像，除了油画之外，也诞生了许多采用中国传统技法创作的作品。著名国画家蒋兆和（1904-1986）在传统中国画的基础上融合西方油画之长，创造性地拓展了中国水墨人物画的技巧，除了《流民图》（1941-1943）以及一系列中国古代文学家，如杜甫、曹操、李白、苏东坡、李清照等抒怀写意的肖像之外，他也使用中国画的技法创作了马克思（1954）和恩格斯肖像，其造型之精谨，表现人物内心世界之深刻，在中国人物画史上达到了一个新的高度。他通过中国画的技法，将马恩真正中国化，使他们成为了“中国人”。

2018 年 5 月 5 日中国政府将中国雕塑家吴为山（1962-）创作的马克思像赠送给了马克思的故乡特里尔的市政府。中国官方新华社当日的报道中引用了国务院新闻办郭卫民（1958-）副主任的话：“中国共产党坚持继承和发展马克思主义，把马克思主义与中国实践紧密结合，带领中国人民走出了中国特色社会主义道路，取得了举世瞩目的发展成就，同时也为世界贡献了中国智慧和中国方案。”[28] 不仅这座高约 4.6 米的大型雕塑，新闻

图 7　左图为 1875 年马克思在伦敦的照片，右图为中国画家刘启本（1940-）的国画《卡尔 · 马克思》

28）http://www.xinhuanet.com/2018-05/06/c_1122788798.htm

办的解释也都充满着对这位德国人的中国式理解。

其实中国的马克思主义的传入，并非直接来自德国，德国汉学家李博（Wolfgang Lippert, 1932-）指出：

> 大约直到 1919 年，即‘五四运动’那一年，中国人对欧洲各社会主义流派的了解，包括对马克思、恩格斯创立的社会主义学说的了解几乎全部来自日语，或是欧洲语言原著的日文翻译[29]。

早期的大量马克思主义的著作，包括《共产党宣言》在内，都是从日文翻译而来的。1922 年 7 月，中国共产党第二次全国代表大会决定正式加入共产国际，并成为它的一个支部。由此，从俄语翻译马恩的著作成为了一项重要的工作，并一直持续到 1949 年中华人民共和国成立之后。《马克思恩格斯全集》中文第 1 版是按照俄文第 2 版翻译出版的。从 1956 年到 1974 年陆续出版，共 39 卷（41 册）。1979 年至 1983 年，又翻译出版了俄文版补卷 11 卷（12 册），即第 40 至 50 卷。实际到 1983 年，中文版《全集》50 卷（53 册）全部出版，约 3200 万字，被称为《马克思恩格斯全集》第 1 版。1986 年 7 月，根据中国共产党中央委员会的决定，中共中央马列著作编译局开始《马克思恩格斯全集》中文第 2 版的翻译出版工作。第 2 版计划出版 70 卷，主要从马恩著作的原文（60%左右是用德文写的，30%左右是用英文写的，还有 10%左右是用法文和其他文字写的）翻译，至今尚未出齐。也就是说，中文版第 2 版的马恩全集出版之前，大部分马恩的著作都是从日文和俄文转译而来的。

秦家懿（Julia Ching, 1934-2001）在与德国神学家汉斯・昆（亦译作：孔汉思，Hans Küng, 1928-）有关中国宗教的对话中谈到：

29）转引自：李博著，赵倩、王草、葛平竹译《汉语中的马克思主义术语的起源与作用：从词汇－概念角度看日本和中国对马克思主义的接受》，北京：中国社会科学出版社，2003 年，第 79 页。

一位来自中国大陆、专门研究佛教和道教的教授告诉我，他认为佛教在中国同化的过程可以帮助我们了解马克思主义在中国的未来。据他推测，马克思主义必须先正视中国传统的价值观，将它们汇入其本身的系统中，而马克思主义也会在将来的某一时刻融入伟大的中国文化[30]。

可见，大陆研究传统中国文化的学者也认为，中国文化在未来的某一时刻也会同化马克思主义。

5　替代模式

1917 年 4 月，蔡元培（1869-1940）在北京神州学会发表《以美育代宗教》的演讲，明确提出要发展“德智体美并育”的“新教育”以培养“完全人格”[31]。近代以来，由于中国不断受到西方国家的入侵和压迫，五四运动以后，中国民族主义运动迅速高涨。“不平等条约”中或多或少都涉及到西方国家在华的传教活动。在这种情况下，基督教自然地被看成是西方在中国势力的工具之一。于是在20世纪20年代初，出现了“非基督教运动”，这是中国知识分子在文化战线上的反帝国主义运动之一。1922年3月包括蔡元培在内的77位中国学者名流以“反宗教大同盟”的名义，联署发表宣言通电全国，提出：“我们要为人类社会扫除宗教的毒害。我们深恶痛绝宗教之流毒于人类社会十倍于洪水猛兽。有宗教可无人类，有人类便无宗教。宗教与人类，不能两立。”[32]

30）秦家懿、孔汉思著，吴华译《中国宗教与基督教》，北京：三联书店，1997 年第 2 版。第 194 页。

31）收入：高平叔编《蔡元培教育论著选》，北京：人民教育出版社，2011 年，第 87-91 页。

32）转引自：张玉法主编《中国现代史论集》第 6 辑《五四运动》，台北：联经出版事业公司，1980 年，第 197 页。

1949年以后，所有在中国大陆的外国传教士都被驱逐出境，天主教的出版机构被查封，教会所属的学校、医院、慈善机构等教会产业都遭到了没收。罗马教皇的使节被赶走，所有中国教士和教徒都必须声称反对帝国主义、封建主义和资产阶级思想，并参加三自运动：自立、自养、自传。1966年开始的文化大革命，更使得中国的教徒因宗教信仰而遭受迫害[33]。一直到毛泽东去世的1976年，红卫兵们高举破四旧的旗帜，反对一切宗教。但他们同时需要一种替代的宗教——毛泽东思想。因此发展出一种跳忠字舞和语录操的形式。

图8　在毛主席像前跳忠字舞的红卫兵们

身穿绿军装的红卫兵小将们，手里挥动着红色的语录本，朝着某一个方向（或者是北京，或者是毛主席像），举行“早请示、晚汇报”的庄严仪式。尽管这些红卫兵们的动作有点生硬，但却全身心充溢着朝圣的庄严感[34]。

33）请参考上揭秦家懿、孔汉思著《中国宗教与基督教》，第213-214页。
34）请参考：尧山壁著《流失的岁月》，广州：花城出版社，2015年，第95-97页。

这些仪式在林彪（1907-1971）和“四人帮”垮台后被斥为林彪、江青（1914-1991）搞偶像崇拜、造神运动的形式主义，荒诞愚昧。让人感到悖论的是，毛泽东破除了各种宗教的神祇，最终自己却被封为了宗教的替代物。

改革开放以后，大陆的学者也提出了“共产主义儒家化”的观点，金观涛（1947-）在《当代中国马克思主义的儒家化》一文中指出：

> 从结构上讲，当代中共大陆占统治地位的意识形态既不是西方的马克思主义（包括新马克思主义流派），也不是苏联的马克思列宁主义，而是一种马克思主义语言表达的，但结构上十分类似于儒家文化的思想系统。因此，才会出现当代中国文化史上最奇特的现象：表面上是用马克思主义彻底的批判旧文化，但这种运动又必然是顺着儒家文化发展的内在逻辑展开的。因此，一方面传统在名义上遭到批判，另一方面与其等价的东西却在运动中制造出来，而且在现代的名义下变得出奇的强大[35]。

金观涛主要从中国社会文化结构层面，认为马克思主义外表下的中国社会内核依然是一种类似于儒家文化的思想系统。

6　结论

德国哲学家雅斯贝尔斯（Karl Jaspers, 1883-1959）的“轴心时代”理论认为，在公元前 800 至公元前 200 年的这段时期内，中国、印度和希腊文明都以“突破”其早期文明为前提，奠定了人类精神的基础，并开启了

35）李明辉《论所谓“马克思主义的儒家化”》，收入：李明辉著《儒学与现代意识》（鹅湖学术丛刊⑭），台北：文津出版社，1991 年，第 45-66 页，此处转引自第 49 页。

各自文明后来的发展方向，从而形成了不同的宗教—伦理观、文化模式。正是在这一时期，人类开始拥有了觉醒的意识，意识到了整体、自我存在的意义及其限度[36]。公元1世纪佛教传入中国，标志着印度文明与中国文明的融合，16世纪末基督教进入中国，标志着以古希腊文化为源头的西方文明与中国文明的融合，19世纪以来，世俗西方学说如马克思主义在中国的传播，标志着两个千年以来，三种轴心文明在中国完成了它们的大融合。

自古以来中国就没有制作圣像的传统，中国铜钱从来不像古希腊、罗马的硬币那样铸有国王或皇帝的头像、复杂的纹章和族徽图案，用来象征统治者的权威，同时有效地预防伪造。中国铜钱的圆形方孔象征着中国人天圆地方的宇宙观，钱币上的文字，或标明货币的重量，或为皇帝的年号，同时也留下了中国书法演变的痕迹。因此，佛教、基督教和马克思主义的圣像在中国的转换，所形成的中国化佛教、基督教以及马克思主义，实际上是在中国创造了一个新的传统。

北宋著名的僧人赞宁（919-1001）在《唐京兆大兴善寺含光传》的“系曰”中写道：

> 又夫西域者佛法之根干也，东夏者传来之枝叶也。世所知者，知枝叶不知根干，而不知枝叶殖土，亦根生干长矣。……盖东人之敏利，何以知耶？秦人好略，验其言少而解多也。西域之人淳朴，何以知乎？天竺好繁，证其言重而后悟也。由是观之，西域之人利在乎念性，东人利在乎解性也。如无相空教出乎龙树，智者演之，令西域之仰慕。如中道教生乎弥勒，慈恩解之，疑西域之罕及。将知以前二宗殖于智者、慈恩之土中枝叶也。入土别生根干，明矣。善哉接者，见而不识，闻而可爱也。又如合浦之珠，北土之人得之，结步摇而饰冠佩。南海之人见而不识，闻而可爱也。蚕妇之丝，巧匠之家得之，绣衣裳而成

36）雅斯贝尔斯著，李雪涛译《论历史的起源与目标》，上海：华东师范大学出版社，2018年，第352页。

> 黼黻，縿抽之妪见而不识，闻而可爱也。懿乎！智者、慈恩西域之师，焉得不宗仰乎！37)

在这里，赞宁用了三个比喻来说明中国佛教与印度佛教的区别。一是中国佛教与印度佛教互为枝叶与根干。赞宁非常形象地说明了，枝叶如果在土中培植的话，也可以成为根干（枝叶殖土，亦根生干长矣）。因此，印度佛教（根干）传到中国（枝叶）之后，经过中国人的改造，慢慢成为了中国化了的印度佛教。隋唐以来的基于中文的佛典创立的中国宗派，被朝鲜、日本和越南的佛教徒认为是佛教的最初的发源地。很多中国的佛教寺院也被看作是"祖庭"。同样，中文佛典本身，也被看作是最初的原典。赞宁在例子中举了天台宗的创始人世称智者大师的智顗（538-597）和玄奘（602-664）的思想，认为他们与强调"念性"（传承）的印度宗派不同，中国佛教更注重"解性"（另解）。所以，即便是印度人看到了这些新根干的植物，也会觉得异常新奇。二是将印度佛教与中国佛教分别比作合浦之珠与冠佩。赞宁认为，如果说印度佛教是合浦（广西北海）的渔民所饲养的珍珠的话，那么中国佛教已经成为了官吏们头上所戴的帽子上的饰品珍珠。那些曾经养过这些珍珠的渔民并不知道这些漂亮的饰物是他们养出来的珍珠加工而成的。也就是说，印度的和尚对中国佛教也只有赞叹的份儿。三是将印度佛教与中国佛教分别比做蚕丝和礼服上所刺绣的华美的花纹（黼黻）。对于华美的中国佛教来讲，印度佛教实际上仅仅只是原材料而已。在这里赞宁举了丝绸原料与黼黻的例子。他认为，这些漂亮的花纹，是那些亲自缫过丝的老妪所不认识的，也是从来没有想到的。因此，对于赞宁来讲，中国佛教具有无穷的创造性，而这些是印度佛教所不具备的。印度很多的佛教学者到了中国，看到了中国佛教的发展，赞叹不已。因此，赞宁并不认为，中国佛教是印度佛教简单的移植，而是在印度佛教基础之上的

---

37)《大正藏》50-879c-880a。另见：赞宁撰，范祥雍点校《宋高僧传》，北京：中华书局，1987 年，第 679 页。

嫁接和创新。

徐光启（1562-1633）在编撰《崇祯历书》的治历疏（1631）中写道："欲求超胜，必先会通，会通之前，必须翻译。……翻译既有端绪，然后令甄明大统、深知法意者参考详定，熔彼方之材质，人大统之型模；譬如作室者，规范尺寸一一如前，而木石瓦甓悉皆精好，百千万年必无敝坏，即尊制同文，合之双美。"[38]"翻译→会通→超胜"，这是徐光启当时为中国学习西方科技划定的循序渐进的三个阶段，充分体现了他会通归一的思想。历史上三次圣像的中国化转换，使域外知识在本土得以大规模传播，对中国社会的影响是根本性的。作为"文化翻译"活动的圣像之进入中国，为中国乃至东亚世界增加了前所未有的知识和信仰的新内容，引进了不同的思维方式，激发出了更大的想象空间。来自异质文明的知识与信仰在与中国传统文化的不断融会交流中逐渐被理解、消化、吸收，最终成为中国文化的一部分。"翻译"的目的是中西文化之间的融会贯通，而非生搬硬套，"会通"的目的，是创新出一种属于超越个体文明（超胜）的新文明形态。

汉斯·昆将自唐代景教进入中国以来的基督教与中国文化的融合模式分为七种：一、外表的同化（聂斯托利派［景教］过分迁就佛教和道教的形式）；二、信仰的混合（摩尼教进入中国）；三、不同层次的互补（耶稣会传教士利玛窦的适应政策所带来的天主教）；四、传教士间的冲突（礼仪之争）；五、"文化帝国主义"（19 世纪的帝国主义者在中国的传教活动）；六、反传教（19 世纪中叶一直到毛时代）；七、外来宗教的本土化（让基督教在中华沃土中植根）[39]。昆认为，外来宗教的本土化，是"为中国的基督教徒和教会找到一个从今天的观念来看也是合理的、'符合国情的'、'本土（或本色）化了的'、'在中国扎根的' 基督教神学"[40]。

日本关西大学的内田庆市（1951-）将基督教圣像中国化作为"文化

---

38) 徐光启《奏呈历书总目表》（崇祯四年正月），收入：《增订徐文定公集》第 4 卷，上海：徐顺兴印刷所，1933 年，第 37-39 页，此处见第 39 页。

39) 请参考上揭秦家懿、孔汉思著《中国宗教与基督教》，第 197-220 页。

40) 出处同上，第 197 页。

翻译”的现象来予以处理[41]，这也是本文一开始提到顾彬所谓中国人将佛像也“翻译”成“中国式”的现象。历史上圣像的三次中国化转换给予我们的启示是，圣像的真正意义并不存在于其原本所依附的文化载体之中，而是存在于其不断被其他异质文化所接受、所改变以及不断阐释之中。

41）内田慶市「中国化されたキリスト —— 文化の翻訳の一事例」、内田慶市・柏木治編訳『東西文化の翻訳・「聖像畫」における中国同化のみちすじ』、吹田：関西大学出版部、2012 年、第 1-8 頁。

漫谈艾儒略《天主降生出像经解》图像语言的“本地化”特征

陆　　　　遥

明末天主教版画艺术在华的兴起，是在西学东渐的大背景下展开的，首功当推传教士。他们怀着虔诚的宗教热情，带着“为基督征服全世界”的梦想，泛舟东来。然而“圣教”进入中国并非易事。在屡次碰壁之后，传教士们开始改变策略，采取“学术传教”的方式，以期打开局面。一方面，他们以极大的热情和努力掌握中国文化，另一方面，他们把当时欧洲先进的科学知识介绍到中国，以博取中国士人的关注。传教士入华时所携物品，除了宣教用的宗教品外，还包括大量自然和人文科学方面的书籍。

西画东来是西学东渐的组成部分。中外艺术交流从东汉时期佛教传入中国即已开始。有史记载的西画传入中国，最早可以追溯到公元635年（唐贞观九年），大秦（罗马）景教（基督教）徒阿罗本携经像来到长安。不过，严格意义上的“西画”，当指西洋画作、西洋画师、西洋画论三者的综合，“西画东来”亦即这三者在华的传播。从这个意义上说，西画东来始于明代中后期。据《熙朝崇正集》记载，1601年（明万历二十九年）利玛窦来到北京，在向明神宗皇帝进献的贡品中就有几幅西洋画作和雕像，内容全部关乎天主教[1)]。这些贡品引起了中国皇帝的极大兴趣。其时，中国士人也多次在著作中谈及对于西洋画的观感。

综观明清之际来华的大部分西画，有以下几个特点：一是画作内容大都为宗教题材。携西画来华者多为传教士，所带宗教画多以供信徒作参拜

1）韩琦：《熙朝崇正集熙朝定案》，吴旻校注，中华书局，2006年。

冥想之用；二是艺术水准普遍不高。明清之际在华流传的西画主要由西方画家、传教士和本土画家三类人所作。这部分西方画家多为二三流的画人，技艺并非是当时顶尖的。某些来华传教士虽也有绘画才能，但大都不是专业画师。由教会学校培养的本土画家总体来说水平也都不高；三是“杂交”味道比较明显。本土画家虽习艺于教会学校，然作画时不可能脱尽本土文化影响，所接触到的西方艺术有限，创作西画时不可避免会有“想象”成分，在绘画语言上出现“杂交”趣味。

艾儒略（Giulio Aleni）是继利玛窦之后明末来华的第二代传教士，也是当时的领军人物。艾儒略1582年生于意大利布雷西亚，青少年时代在耶稣会开办的学校里接受过良好和系统的文理科及宗教教育。1609年受耶稣会派遣赴东亚传教。1610年抵澳门，两年后进入中国内地。他先后到过南京、北京、上海、山西、浙江、福建等地。南京教难时，艾儒略避祸于御史杨庭筠家中。1624年，与明朝宰相叶向高结识，并一同来到福建，在福建传教二十多年。1647年清军入关后，艾儒略来到福建延平，在那里度过了生命中的最后两年。

来华后，艾儒略熟读四书五经，通晓儒家经典，广交中国士绅，试图“将中国注入大教会的生命之中”[2)]。除了从事传教外，艾儒略将主要精力用于写作，先后撰写了中文著作二十四部，宣传天主教义，是早期耶稣会士中著作最多的一位[3)]。“正因为艾儒略的博学，他在当时的中国士人中赢得了极高的声誉，在中国天主教外来传教士中，再也没有比艾儒略更受学者欢迎的，《圣教信徵》说他被目为‘西来孔子’，这样崇高的尊称，连利玛窦也没有获得。”[4)]

为了实施学术传教，艾儒略做了大量工作。归纳起来主要有三：一是熟悉中国传统文化，尤其是儒家文化，掌握中国语言，了解民间习俗，使自己尽快融入中国社会；二是广交朋友，广结人脉，为其传教铺平道路。

2）［意］柯毅霖：《晚明基督论》，王志成译，四川人民出版社，1999年，第251页。
3）［意］艾儒略：《艾儒略汉文著述全集》，叶农整理，广西师范大学出版社，2011年。
4）方豪：《中国天主教史人物传》，宗教文化出版社，1988年，第185页。

艾儒略在华近四十年，上上下下结交了众多的朋友，有高官如明相叶向高、御史杨庭筠等人，也有广大下层民众，他曾经为一位平民出身的信徒写传记（《张弥额尔遗迹》），这也是其他传教士所没有过的举动；三是著书立说，不遗余力地宣传天主教义。他努力以“融儒”“合儒”“比儒”之法说服儒学者接受天主教，这在当时深得中国士大夫的欢迎。

为了实现天主教“本地化”的目的，在实施学术传教的同时，艾儒略还做了大量天主教通俗化、大众化的工作。艾儒略深知，天主教“本地化”的根基在民众，如果没有广大民众信教，天主教本地化就无从谈起。耶稣会在对待民间信仰问题上秉持的态度是较为温和和宽容的。实际上，中国民间信仰中的泛神性和功利性都与天主教义存在矛盾。当时艾儒略传教的福建地区，正是民间信仰极盛的地区。面对如此棘手的状况，艾儒略既没有回避，也没有死板刻守天主教义理，对民间信仰一概否定，而是采取灵活的适应策略，在坚持天主教义理的原则上作出必要和适当的变通和让步，如允许教徒祭宗祀祖，这不仅减少了中国民众对其传教的阻力，还赢得了更多中下层士人甚至是贫苦民众的好感。

明清之际戏曲、小说插图版画已相当普遍，书中的插图随着书籍的传播而面向市民。明中后期，随着资本主义萌芽的产生、商业手工业的进步，不同阶层对包含了新知旧识的各种印刷品的好奇与追求达到顶峰，加之造纸印刷技术经历了数次革新使得江南各地书刻作坊的崛起以及雕版印刷的繁荣，由西方人士带来的西洋器物触发了中国文人艺术家更为激烈的体验和想象。短短二十年间，中国本土出版了三本天主教版画书：罗儒望的《诵念珠规程》[5]（1619 年）、艾儒略的《天主降生出像经解》（1637 年），以及汤若望的《进呈书像》[6]（1640 年）。上述三个版本的天主教版画书在华相继问世，不由让人畅想彼时期中国民间版画艺术与西方艺术频繁沟通的盛况。明末清初是天主教在华的百年极盛时期[7]，也正值中国版画艺术走入其

5）[葡] 罗儒望：《诵念珠规程》，1619 年，南京。

6）[德] 汤若望：《进呈书像》，1640 年，北京。

7）陈垣：《陈垣学术论文集》，中华书局，1980 年。

最“体面的历史”[8]——明朝末年。

《天主降生出像经解》（下文简称“《出像经解》”）是艾儒略于1637年在福州出版的木版画图像书，用“连环画”的形式直观形象地介绍天主教义和耶稣的生平事迹。此书以纳达尔（Jerome Nadal）普及性和影响力空前的宗教读物《福音故事图像》（*Evangelicae Historiae Imagines,* 下文简称“纳书”）为蓝本，收录53幅版画，外加一副卷头插画[9]。主线讲述了从基督降生到复活升天的故事，其中包含了基督显圣迹、圣母升天等重要事件。“出像”是明清插图本小说经常使用的词汇，用以指代整幅插图，通常每章回于情节精彩处配以一二幅版画，如金陵富春堂万历元年单面图《新刻出像增补搜神记》、金陵世德堂万历十年对页连式[10]《新刻出像官版大字西游记》等。据考，用“出像”一词的多为南京、杭州等地的书坊，而福建则多用“全像”[11]。其时，艾儒略已深入福建地区传教，并于1635年至1637年分别在福建晋江、长乐、惠安、建阳、沙县等地开教和建立教堂，《出像经解》虽题为“出像”，然而此书在建阳刊刻的可能性较大。

《出像经解》采用标题在上、图像居中、文字在下的形式，每幅图像占页面主体，仿照纳书以字母标记文字的方法而用干支标出图中人物、地点与对应文字的发生顺序。整个版式与明代建阳流行的上图下文版式颇为类似。与戏曲小说中“文主图辅”的面貌不同，《出像经解》是将文字作为图像的“注解”。每段文字之后几乎都标记出对应艾儒略另一本著作《天主降生言行纪略》中的某章某节，可见两书的关联，故而这本《出像经解》的图像功能被无限放大了。据艾儒略在引言中所说，此书是在其“尝敬译降

8）鲁迅：《木刻纪程》，铁木艺术社，1934年。

9）《出像经解》版本众多，且包含版画数量也不尽相同。本文所引版本为罗马耶稣会档案馆藏《天主降生言行纪像》，Jap-Sin. I. 187，共53幅图，包括篇首一副“天主降生圣像”。其中“耶稣步海”和“起三十年之瘫”两幅各被重复印刷了一次，故此版本实为51幅。

10）对页连式，也称合页连式，指一幅插图是由相对的两面（页）构成，摊开书来就是一幅图。一般来说，一叶（folio）是指两页（page），而“页”相当于“面”。

11）汪燕岗：《古代小说插图方式之演变及意义》，《学术研究》2007年10月。

生事理于言行纪中”之后才“复仿西刻经像图绘其要端”，而其实他早在出版《天主降生言行纪略》之前就有意先出版一本图像书。这反映出艾儒略对于图像解经作用的思考和重视。

图 1　艾儒略《天主降生出像经解》卷头基督像

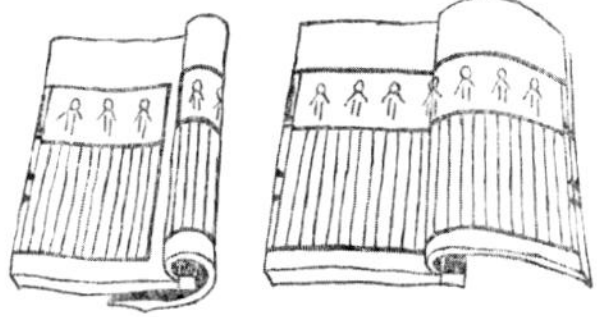

图 2　明代流行的上图下文版式[12]

中国绘刻匠人在复制西方天主教图像书的过程中，由于对圣经文本的陌生以及对西方人物原初形象把握得不精准，造成了对故事内容或场景描述上的偏差，难以获得主观上的同情和理解。但这样的情况又带来了新的创作。在这批有可能是最早接触西洋艺术作品的中国人心中，审美体验是不可名状的。“本地化”了的《出像经解》，既是中国人初识西方世界的感官凭证，也是西方艺术来华之初在中国人心灵中的直观投映。作为另一种“译经”方式，图像语言具备异于文字语言的巨大优势，带来了东西对话沟通的另一种可能。

12）王伯敏：《中国版画史》，上海人民美术出版社，1961 年。

1　材质：从铜版到木版

纳书 1593 年初版采用的是欧洲流行的铜版画形式。从铜版到木版，《出像经解》出色地完成了版画材质的转换。

木版画，取材于木，以刀代笔，是人手作用于自然、变化自然的体现。中国人对于木石的体认有着非同一般的偏好，木石直接取自天然，其本身的姿态就有着极高的艺术美感。中西造纸材料和工艺的不同，也决定了东方绘画的水性传统和西方的油性传统截然不同。宣纸也直接来源于木，以具形的木版印制于化木为无形的宣纸，是木与木以不同形式的全新叠加与融合，很符合中国人向往天然的审美情操。版画中的形象与现实形象是相反的，如同镜面，呈现出人认识自我和他者的另一个“凭证”。

明朝社会，书籍因为印刷业的发展而从精致的函套中挣脱出来、从静谧高贵的书房里走了出来，走向更广大的市民社会。书本知识占据了精英身份合法性认定的中心地位，艾儒略明白，借助印刷的力量，不但可以扩展著作的内容和受众，还能够最大程度地影响和推动精英阶级知识和信仰层面的裂变。在华近四十年，艾儒略所到之处如南京、杭州等均为明朝刻书重镇，“言慕中华风，深契吾儒理”的他敏感多识、深谙中国社会情况，被当地刻书风尚所影响绝非偶然。而自 1624 年抵达福州后，他亦不但“有幸成为踏入福建省会福州府的首名耶稣会士”[13]，进入了明朝刻书飓风的中心地带，也由此开始深刻地融入中国士人阶层的知识共同体之中。

13) 叶农：《“西来孔子”——艾儒略中文著述与传教工作考述》，《暨南学报》2009 年第 5 期。

2　线条与形象：圣母子与观音

来华传教士曾多次致函罗马，希望获得救世主像和圣母像，以便宣教之用。同时也反复指出不要耶稣受难像，因为中国信徒对受难像的理解较为困难。这里关乎传教士对于中国本土信仰习惯的一个认知。我们确知的是，艾儒略所深入开展宣教工作的福建是中国民间信仰异常活跃的区域，外来宗教入华后获得认同的难度可想而知。艾儒略传教策略中的重要一环就是求同存异。应该说，艾氏的传教态度比起利玛窦显得更为宽容和入乡随俗。

凡写传教士携西洋画入华之中国士人必言及圣母子形象给其带来的直观感受。明末画论家姜绍书曾如此描述利玛窦带入中土的《天主母像》：“乃女人抱一婴儿，眉目衣纹，如明镜涵影，踽踽欲动，其端严娟秀，中国画家，无由措手。”[14] 明朝学者顾起元也在《客座赘语》中特别提到了这幅“一小儿，一妇人抱之”的圣母子像。栩栩如生、祥和宁静的母子图景唤起了中国人心中莫大的好奇与同感，这样的亲近感很可能来源于中国人对观音形象的情有独钟，在陌生的西方宗教图景中，圣母怀抱圣子的场面能够传递给人以少有的温暖和亲切。关于这一点，艾儒略显然颇为认同。在《出像经解》56 幅图中，涉及圣母玛利亚形象的图像就有 9 幅（见表 1）。

14）［明］姜绍书：《无声诗史》，华东师范大学出版社，2009 年。

表 1

序号	中文标题	在《天》中的位置	对应西文标题	在《福》中的位置
1	圣母领上主降孕之报	2	ANNVNCIATIO	1
2	圣母往顾依撒伯尔	3	IN DIE VISITATIONIS	2
3	天主耶稣降诞	4	IN NOCTE NATALIS DOMINI	3
4	尊古礼命名	5	CIRCVNCISIO CHRISTI	5
5	三王来朝耶稣	6	ADORATIO MAGORVM	7
6	圣母献耶稣于圣殿	7	PVRIFICATIO	8
7	圣神降临	50	SACRA DIES PENTECOSTES	149
8	圣母卒葬三日复活升天[15)]	51	VIRGINIS MATRIS SEPVLTVRA/ SVSCITATVR VIRGO MATER A FILIO	151/152
9	圣母端冕居诸神圣之上	52	ASSVMITVR MARIA IN COELVM, CORONATVR A SANCTISS. TRINITATE.	153

关于如何刻画人像，中西方观点一直都有分歧。利玛窦曾认为“中国画，但画阳，不画阴，故看之面躯正平，无凹凸相”，西洋画因为遵循向明则白、向阴则暗的原理而使“画像与生人无异”。而不少中土画家却因为习惯和偏见将明暗法和透视法视作不入画品的窠臼，认为它们充满匠气，并对其诸多贬斥，绝少赞许，甚至评价像焦秉贞这样尝试以西法作中国画的画家“非雅赏，好古者所不取”[16)]。如高居翰所言，虽然西洋画对晚明绘画造成了实实在在的冲击，然而中土画家对此的认可度却极低[17)]，如今我们

15) 此幅“圣母卒葬三日复活升天”是将纳书中“VIRGINIS MATRIS SEPVLTVRA”与“SVSCITATVR VIRGO MATER A FILIO”两图中的部分元素抽出合并而成的重构，编排更加巧妙简洁。

16) ［清］张庚：《国朝画徵录》，浙江人民美术出版社，2011 年。

17) 高居翰提到，甚至是到了现当代，中国学者也“几乎无人愿意（至少在公开的场合里）承认此一现象的存在”。见［美］高居翰：《气势撼人——17 世纪中国绘画中的自然与风格》，三联书店，2009 年，第 92 页。

只能根据风格等元素来辨认中西绘画在彼时期一些可能的关联。

《出像经解》中的圣母面容已经开始变化，她不再是高鼻梁、眼窝深邃、面部轮廓分明、毛发卷曲的欧洲女士，而变成了弯眉细目的中国仕女，尤其在“圣母领上主降孕之报”中，玛利亚低眉颔首，显出少女的微胖，从而暗示处女的青春和纯洁。我国的木版画如毛笔画，特别强调线的作用，阳刻故而成为传统。《出像经解》的作风，正是大量阳刻的呈现。木版线刻的特点在这里发挥出了巨大的功能，刻工本身可能就是绘工，因此具有以刀代笔的特点。由于只用线条表现眉眼和鼻口，玛利亚的面容变得清晰和简洁，刻工在处理弯眉细目和略带上扬的嘴角时运用了利落短小而流畅的细线，使得艾书圣母脱去了一丝西方圣像作品中圣母因为过深的眼窝和抿紧的双唇而导致的情绪上的紧张感，制造出柔和的气场，略带悲苦的圣母也因此更加彰显出慈悲之怀。《出像经解》中的刀法奔放自然，没有刻意的工巧雕琢，虽然有时不免草率粗糙，但又能极大地呈现出木趣刀味来。在明朝画家丁云鹏的木刻版画观音像中，能够看到类似的形象。这幅《白衣大士》中的观音，无论眉眼、姿态、衣袍的刻线都与《出像经解》中的圣母相当接近，若有似无的微笑，渲染出一致的祈祷氛围，静谧、祥和，像是在用心灵之耳倾听上主的圣音，瞬间令一切喧嚣浮华都归于了平静。

图 3　ANNVNCIATIO《福音故事图像》

图 4　圣母领上主降孕之报《出像经解》

图 5　白衣大士　丁云鹏

值得注意的是，在《出像经解》里涉及圣母的九幅图像中，玛利亚除了低眉冥思的表情，眼神的唯一投落处就是圣子。在“天主耶稣降诞”的神圣现场，如同所有刚刚孕育新生命的母亲一样，玛利亚伏在襁褓边上身微微前倾，流露出矜持的欣悦，也有些对未来隐隐的哀伤，此刻这个待哺的婴孩似乎已不再是耶和华的伟大恩赐，而仅仅是一位平凡的母亲毕生最为挚爱的作品——用疼痛与生命成就的作品。她温柔地注视着圣子，好像一刻也不愿将眼神挪移开，而此时的圣子恰好也以眼神回馈母亲，这一来一去的无声对话，构成了圣母子无言的合辙。

在“三王来朝耶稣”中，圣子弯曲手指向前来朝圣的国王行祈祷手礼，怀抱圣子的圣母左手托住圣子的双脚、右手回环住圣子赤裸的腰部，用衣袍的一部分包裹住圣子的下半身，呈现母亲保护孩子的典型动作。此刻圣母的眼神仍然坚定地落在圣子头上。同样的眼神也回旋在丁云鹏的《童子拜观音》之中。童子半背观画者面向观音而跪，双手合掌颔首拜谒，观音则面对童子并将怜爱与悲悯的眼神投落在其头顶。观音与童子虽是一站一跪的不同体式，然而两者的衣袂随风同向飘动，流畅婉转的刻线使得二者的姿态近乎合为一体。在这两幅画中，母性的衣袂都流动出温润的慈悲，沟壑一般的褶皱中裹夹着对新生命的呵护。

这些温情款款的母子景象怎能不勾起中国观众莫大的认同？或许中国工匠正是将中国人对观音的世俗情感投入到了对他们来说陌生的圣母形象中，从而创作出了如此形神同构的画面。王伯敏先生在《中国版画史》中曾说雕版佛画对文学及一般书籍雕印的影响之大是不可估量的。无论是设计与装帧上的共通，还是某些内容上的一致，雕版佛画因其中国版画之肇始的地位而深刻地融入民间雕版画的创作，为其他书籍的刻制提供了思路和借鉴，民间版画并因此得以走向更为精巧工丽的维度。《出像经解》正是在这个层面上踏准了明末最“流行”的出版节拍，把天主教获得在中国的身份认同的诉求“依中匠刻法”[18] 付诸于形，得到更为深刻的宗教体认，无

18)《天主降生出像经解》引。

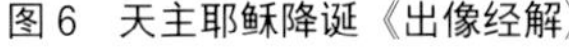
图 6　天主耶稣降诞《出像经解》

图 7　童子拜观音　丁云鹏

怪乎该书一经付梓，便“为时人所推许，无何不胫而走，架上已空”[19)]。

3　透视法与空间：宗教画中的“空白”与大山水

版画虽然最后通过纸张反映到二维平面上，但在制版过程中对所描绘事物体量的把握近乎于雕塑，是对明暗和透视观念的最初探索。相对于一般意义的绘画所做的“加法”，版画则体现出“减法”的精神，这不是普通意义上的去繁就简，而是从二维平面向三维立体的积极探入。在传教士早期的图像文献中可以发现一些对空间和透视的初步探讨。譬如，“中国化”程度更深的《诵念珠规程》虽也是仿纳书，然而笔致和结构却是全盘中国式的。在这幅“圣母往见”和明万历年间继志斋刻本的《量江记》中，不难发现惊人的相似，同样以院门和交错的地板纹路区隔出两个空间，庭院内的人物是主体并占据画面的大部分，围墙根和庭院角落则饰以树石的点缀。虽然为了突出主体而将远近人物的大小比例错置了，透视也并不准确，

19)《道原精萃图》像记，倪怀纶编，刘必振画，纸本线装，罗马梵蒂冈图书馆藏光绪十三年上海慈母堂聚珍版刊印本。

图 8　圣母往见《诵念珠规程》

图 9　《量江记》插画
明万历年间继志斋刻本

仍不失为“本地化”尝试的绝好例子。

《出像经解》对于空间的表达则呈现出并不一致的面向。书中既有对纳书的忠实再现，也有包含中国元素的改造。诸如在纳书“SANCTISSIMI SACRAMENTI, ET SACRIFICII INSTITVTIO”中，中景安排了一位在灶台旁忙碌的仆人，操作间异常空旷，只有两扇方窗、一道窄门透出些许微光。这一用纵横刻线织成的操作间中的大片阴影，成为了沟通前景里“最后的晚餐”与远景中窄门外世界的唯一暗道，幽然的光线暗示着耶稣受难之路上的艰险，这又与前景中圣餐圆桌前三级台阶处空无一物的亮度形成了鲜明的对比，读者的目光和思路被延伸至远方。而在《出像经解》“立圣体大礼”中，则呈现出舞台般的处理，厅堂作剖面图式，背景里的空间被立柱和帷幔压缩并推前了，人物的距离和空间的深度变浅，室内室外似乎只是一指之隔，画面无限逼近读者。绘刻工匠在前景本来空白的地面上加入了地板纹案的设计，但这里的纹案却没有呈现“圣母往顾依撒伯尔”中的中央焦点透视，而是不受任何视点所束缚，暴露出绘刻工人传统的中国画散点透视和作图习惯（比照明万历年间文林阁刻本《全像注释金印记》），好似将地面与墙体拉成了同一个平面，人物不是垂直于地面而坐，而是“悬挂”在墙体与地面浑然同一的平面上一样！

图 10　SANCTISSIMI SACRAMENTI, ET SACRIFICII INSTITVTIO《福音故事图像》

图 11　立圣体大礼《出像经解》

图 12　《全像注释金印记》插画 明万历年间文林阁刻本

这大概与中国画对“空白”的认识有关。《出像经解》将书中的“空白”无一例外地“想象”出了丰富的内容，这是一种基于传统“画面平面”的想象，与西方指向画面深处、引发心灵效应的透视想象大相径庭。虽然对于利用木板板面制造黑白对比的技巧早在明初就有尝试，然而发挥大片板面空间的革新画法毕竟还得不到以阳刻为传统的中国古版画的推崇和接受。正如传教士一直担心中国信徒无法理解耶稣受难图中的血、肉和灵的元素一样，中国绘刻工匠在面对纳书中茫茫的大片“空白”时，显然并不感到愉悦。在那最为人所津津乐道的“濯足垂训”中，中国匠人将纳版中灰秃的背景改作了一面中式的屏风，疏朗的树和孤独的渔舟勾勒出清秋江景，从屏风后露出一二竹枝，虽使得整幅画面更见风致，也最大程度地“填满”了空间。相比西方版画处理空白空间时朴素灰暗的情调，“本地化”了的《出像经解》则体现出明快爽健的线与内容丰富的面。

图 13　COENA COMMVNIS, ET LAVATIO PEDVM
《福音故事图像》

图 14　濯足垂训
《出像经解》

值得注意的是，《出像经解》中涉及山景的图像有5幅，涉及海景的图像有2幅，在这些写山绘水的图像中，山水虽只是作为主题故事和主要人物的陪衬，却因融合了西画写实技法的宏大视角和中画写意元素的细致描摹而成为画面之外引人遐思的补充。

1609年，艾儒略搭乘“Nossa Senhora de Piedade”号从里斯本出发，途径加纳利群岛、好望角、马达加斯加、果阿、锡兰、马六甲海峡，最终抵达中国。这段行程中的航海经历，构成了艾儒略行记中关于大海的精彩篇章。他也将自己对于海洋的敬畏表达在了《出像经解》中。当中国绘刻工匠复制“渡海止风”之时，看到纳书中喧腾如巨蟒、形状怪异的波涛与天空滚滚云层中鼓嘴吐气、奋力制造飓风的神明，正合力企图吞噬一条满载使徒、岌岌可危的帆船时，一定会被这庞大的视觉幻象牵引出更为激荡的心灵幻想，并致使想象与现实的边界更加模糊。它带来的观看感受是奇妙的、独特的，甚至是混乱的，那忽明忽暗、似真亦幻的景象全然不是程式化的装饰，而是化作一片蒸腾的云气，在中国观众心头发酵。

图 15　渡海止风
《出像经解》

图 16　DOMINICA III. POST EPIPHAN
《福音故事图像》

图 17　《七曜平妖全传》插画
明天启四年刻本

4　关于主题的巧思：取舍、合并以及首次涉及的情节

《福音故事图像》共有153幅图，作为一本用于参看和冥想的宗教图像书，所涉内容和主题非常全面，除了尽可能详尽地展现福音书的细节之外，还常常利用几幅构图基本相同的图像来表现同一主题。针对不同文化背景的受众群体，艾儒略在《出像经解》的编写过程中对其进行了取舍，以适应异质文化受众的接受屏幕。

关于基督诞生，纳书中分别设计了“IN NOCTE NATALIS DOMINI”和“IN AVRORA NATALIS DOMINI”两个构图基本相似的场景，前者描绘基督诞生的夜晚，众天使在旁守护，后者描绘基督诞生的黎明，天使散去，牧羊人成为救世主降世的最早见证者，围聚在玛利亚产子的马厩周围。《出像经解》选取了前者进行复制，而删去了后者。画面中，马厩上方的空中众天使正作乐赞颂圣诞，低头俯看的视线与祈祷手势的方向共同指向下方熠熠生辉的圣子，画面焦点正好汇聚在偏左三分之一处的马厩中。画面陈述了天主耶稣降世的重要瞬间，保留了表现神圣感的天神和圣子光芒，隐去了并不被大多数中国信徒所理解的牧羊人形象（只在文字部分注出

图 18　IN AVRORA NATALIS DOMINI《福音故事图像》

图 19　IN NOCTE NATALIS DOMINI《福音故事图像》

图 20　天主耶稣降诞《出像经解》

“牧童郊外守夜，蒙天神报知降生大恩，即夜前往叩谒”），将纳书两图合而为一，情节上处理得详略得当，既突出了“圣迹”显现时的神秘与神圣，也规避了对于中国观众来说可能出现的理解不能。

《出像经解》中“圣母卒葬三日复活升天”是一幅自下而上的连环图，读图顺序由图下文字中所示的干支标出，从而读者可得知这样一个连贯的图景：圣母训勉宗徒后泰然谢世，宗徒们抬举圣母尸棺前往送葬（图下半部所示），葬后三日天主令圣母复活并亲接其升天，圣母得以永生（图上半部所示）。这样的安排，无疑结合了纳书中“VIRGINIS MATRIS SEPVLTVRA”和“SVSCITATVR VIRGO MATER A FILIO”两幅。纳书的两幅图构图雷同，都以画面中央轴线为界分成上下两个部分，《出像经解》巧妙地将两图的重点糅合在了一起，却并没有缺省任何一个要素——宗徒在画面中的位置始终存在且不变——恰恰是这个群体意象连缀起画面中的两个情节，这样全新的“经营位置”，使读者得以了解这一重要事件的主要过程，并同时获得更加丰富和完整的印象。

如果说在具体图像主题的取舍和重构方面《出像经解》已显现出颇有胆量的创新，那么对于某些特殊主题的探索性描述就更可见艾儒略在尝试

图 21　SVSCITATVR VIRGO MATER A FILIO 《福音故事图像》

图 22　VIRGINIS MATRIS SEPVLTVRA 《福音故事图像》

图 23　圣母卒葬三日复活升天 《出像经解》

利用新形式、融入新内容时的超拔眼光。割礼场景出现在“遵古礼命名”一幅中，似可看作中国天主教图像文献中涉及割礼场面的首例。艾儒略并未对此避而不谈，而是将这个古老的神圣场面直陈在读者信众面前。画面中的布景显著地交代出故事的发生地——行礼堂，正中央的圆形行礼台上，圣子被一位老年司教者托起身体并握住双手，另一位司教者右手持工具，左手护住圣子的下体准备行割礼。圣子转过脸侧向圣母，似乎在表达一丝稚童无辜的惴惴，而圣母则站在一旁，虽仍试图维持母仪的姿态，但那充满着心疼与不安的神色却早已从伸出的双手中流露。

5　结论：全球看视

对于生活在明以前的中国人来说，所能知晓的世界图景是什么样的？《后汉书》中记载，公元前 97 年，甘英放弃了成为早于马可波罗几个世纪的“开拓者”的机会，最终被波斯国王说服，止步于茫茫的江海之滨。从而，人类获得有关“世界”概念的时间被推迟到了数千年之后的大航海时代。利玛窦巧用心机地将中国置放于呈献给中国皇帝的世界地图的中心，但即便如此还是得不到皇帝的满意，因为在这张“世界”概念的地图里，“中国”实在是太小了。

几代传教士的努力逐渐证明“白板法”的缺陷。谋求天主教与儒教和中国文化的同构与互适，成为艾儒略渴望达成的目标。《出像经解》全书最后一幅图“圣母端冕居诸神圣之上”表现了圣母升天后受三位一体加冕的宏大场景。在这幅图像中，圣母与三位一体占据画面三分之二的上部空间，其中圣母保持惯有的颔首闭眼姿态，双手交错按于胸前，微屈双膝行礼受加冕，画面下方是“诸国帝王士民祈望圣母为万世主保恩母，天下万方恭建殿宇崇奉圣母受其种种恩庇”的景象。意味深长的是，在这熙熙攘攘的观礼人群中，有一群中国人。他们之中有额发小儿、甲胄加身的士兵，还有一些头戴梁冠和乌纱襆头的明代官员。在这天主教的盛大典礼上，有中国人参与其中，在艾儒略看来，正说明了中国人与其他各国人民都是上帝的子民、共同沐浴在天主的荣光中——并且，在这个“世界”的概念里，并不只有中国，甚至，它也不在那个“最中央”的位置。

艾儒略用中国人集体看视的图景，表达出渴望在中国人心里建立耶稣

图 24　艾儒略“圣母端冕居诸神圣之上”

信仰的强烈诉求。或许在他的美好祈愿中，他所作的努力不会成为徒劳，“中华归主”是可以通过互视和沟通得以实现的。

【参考文献】

① ［意］艾儒略：《艾儒略汉文著述全集》，叶农整理，广西师范大学出版社，2011 年。

② 顾卫民：《基督宗教艺术在华发展史》，上海书店出版社，2005 年。

③ ［意］柯毅霖：《晚明基督论》，四川人民出版社，1999 年。

④ 潘凤娟：《西来孔子艾儒略：更新变化的宗教会遇》，天津教育出版社，2013 年。

⑤ 王伯敏：《中国版画史》，上海人民美术出版社，1961 年。

⑥ ［美］高居翰：《气势撼人——十七世纪中国绘画中的自然与风格》，李佩华等译，三联书店，2000 年。

⑦ Nicolas Standaert, *An Illustrated Life of Christ Presented to the Chinese Emperor: The History of Jincheng Shuxiang(1640),* 2007, Routledge.

⑧ 何俊、罗群：《〈出像经解〉与晚明天主教的传播特征》，载《现代哲学》2008 年第 4 期。

⑨ 向达：《明清之际中国美术所受西洋之影响》，载《新美术》1987 年 4 月刊。

⑩ 叶农：《明清之际西画东来与传教士》，载《美术研究》2004 年第 2 期。

⑪ Gauvin Alexander Bailey, “The Image of Jesus in Chinese Art during the Time of the Jesuit Mission（16th–18th centuries）,” in Roman Malek（ed.）, *The Chinese Face of Jesus Christ*. Vol. 2, Institut Monumenta Serica and China-Zentrum, 2003, pp. 395–415.

ローチャ『誦念珠規程』とナダル原画の対照

1. 受胎告知

ANNVNCIATIO.
Luc. i.

1
cvij

A

B

C

D

E

F

G

H

Bern. Pass.
Rom. inuen.

Hieronymus Wierx sculp.

A. Conuentus Angelorum, vbi declarat Deus Incarnationem Christi, & designatur Gabriel legatus.
B. Veniens Nazareth Gabriel, sibi ex aëre corpus accommodat.
C. Nubes è cælo, vnde radij ad Mariam Virginem pertinent.
D. Cubiculum, quod visitur Laureti in agro Piceno, vbi est Maria.
E. Ingreditur Angelus ad Mariam Virginem; eam salutat; assentitur Maria: fit Deus homo, & ipsa Mater Dei.
F. Creatio hominis, quo die Deus factus est homo.
G. Eadem die Christus moritur, vt homo perditus recreetur.
H. Pie credi potest, Angelum missum in Limbum, ad Christi incarnationem Patribus nunciandam.

2. 聖母マリアの聖エリザペト訪問

IN DIE VISITATIONIS. 2
Luc. i. cxlix

Bern. Pass. Rom. inuent. Hieronymus W. fecit.

A. Nazareth, vbi repræsentatur Annuntiatio, post quam Virgo Mater statuit Elisabetham inuisere.
B. Iter habet Maria festinanter cum Ioseph ad montana Iudææ.
C. Domus Zachariæ in tribu Iuda in montibus.
D. Ad quam cum peruenisset Maria festinauit ad Elisabeth.
E. Sedula illi Anus occurrit, sed eam tamen prior salutat Maria.
F. Audita Matris Dei salutatione, ecce exultat in vtero Elisabeth Filius, & repletur Spiritu sancto Mater, & prædicat Mariæ diuina encomia.
G. Zacharias & Ioseph laudant Deum.
H. Nascitur Ioannes.
I. Post eius ortum, redit Nazareth Maria Virgo Mater cum Ioseph.

3. キリスト降臨

IN NOCTE NATALIS DOMINI.

Natiuitas Christi. 3

Luc. ij. Anno i. v

A. Bethlehem ciuitas Dauid.
B. Forum vbi soluitur tributum.
C. Spelunca, vbi natus est Christus.
D. IESVS recens natus, ante Præsepe humi in fœno iacens; quem pannis Virgo Mater inuoluit.
E. Angeli adorant Puerum natum.
F. Ad Præsepe bos & asinus nouo lumine commoti.
G. Lux è Christo nato fugat tenebras noctis.
H. Turris Heder, idest gregis.
I. Pastores ad turrim cum gregibus.
K. Angelus apparet Pastoribus, & cum eo Militia cœlestis exercitus.
L. Angelus, qui pie creditur missus in Limbum ad Patres nuncius.
M. Stella & Angelus ad Magos missi, eos primum ad iter impellunt.

4. 清めの式

PVRIFICATIO. 8

Luc. 2. Anno i. xx

Bern. Paß. Rom. inuent. Hieronymus W. sculp.

A. Templum cum atrijs.
B. Simeon venit in templum.
C. Anna prophetissa prodit.
D. Ad introitum secundi atrij, procedunt obuiam Christo, Mariæ, & Ioseph.
E. Incipit Anna pijs hominibus de Christo loqui.
F.G.H. Procedunt versus sanctuarium, & atrium Sacerdotum.
I. Perueniunt omnes ad portam atrij primi. Hinc Maria & Ioseph, illinc Sacerdotes et Leuitæ. Fiunt oblationes.
K. Hic rursus confitetur Domino Anna, & de Christo loquitur.
L. Virgo Mater cum Puero, & Ioseph in Galilæam reuertitur.

5. 律法学者のあいだでのイエス論争

DOMINICA I. POST EPIPHANIAM
Cum doctoribus disputat IESVS. 9
Luc. ij. Anno xij. x
C
B
E
H
A
D
F
Bern. Paſſ. Rom. inuent.
Hieronymus Wierx sculp.
A. IESVS eleemoſynam petens, & accipiens.
B. Comitatus duo virorum & mulierum Hieroſolymis redeuntium.
C. Pagus, quo primo die perueniunt.
D. Ampla exedra, vbi Doctores diſputabant.
E. Diſſerit IESVS cum Doctoribus.
F. Maria & Ioſeph reuersi, inueniunt IESVM in medio conſeſſu Doctorum.
G. Venit IESVS ad matrem, relictis Doctoribus.
H. Redeunt Nazareth, et erat ſubditus illis.

6. 庭での祈り

ORAT CHRISTVS IN HORTO. 107
Matth. xxvi. Marc. xiiij. Luc. xxij. Ioan. xviij. lxxx

A. Torrens Cedron. B. Hortus Gethſemani. C. Rupes concaua; qui eſt primus locus; vbi octo diſcipuli ſubstiterunt. D. Secundus locus ſuperius ad dextram: vbi tres reliqui.	E. Specus ad Iactum lapidis à tribus diſcipulis diſtans: vbi orauit IESVS. F. Apparet illi Angelus è cœlo conſortans eum. G. Locus quo ſemel & iterum venit IESVS ad tres diſcipulos. H. Iudas cum cohorte properat ad hortum.

7. 笞打ち

FLAGELLATVR CHRISTVS. 121

Matt. xxvij. Mar. xv. Ioan. xix. xciiij

A. Prætorium, & propylæum; vnde prospectat Pilatus flagellationem.
B. Columna ad quam ligatur IESVS.
C. Stipes, vbi capite plectebantur damnati.
D. Multitudo Iudæorum, & Romanorum.

E. Durissime verberatur IESVS.
F. Desinunt IESVM cædere lictores iussu Pilati.
G. Virgo Mater audit strepitum flagellationis. Vide quam acerbe eius anima, & cor flagellatur.

8. 荊の戴冠

CORONATVR SPINIS IESVS. 122
Matt.xxvij. Mar. xv. Ioan. xix. xcv

A. IESVS ab atrio in aulam Prætorij crudelißime cæsus trahitur.
B. Recesserat Pilatus in cubiculum, & quid vellet fieri, significauerat.
C. IESVS veste pariter ac pelle atrocißimè exutus, purpurea clamide per ludibrium induitur.

D. Sedere iubetur in scamno; Capiti corona è spinis imponitur; arundo pro sceptro datur.
E. Acerbißimè cædunt, illudunt, feriunt arundine; consalutant Regem Iudæorum.
F. Virgo Mater foris cum suis omnia ex internuncijs cognoscit.

9. イエス、十字架を肩に背負う

DVCITVR IESVS EXTRA PORTAM AD CALVARIÆ MONTEM.
Matth. xxvij. Marc. xv. Luc. xxiij. Ioan. xix.
125
xcviij
C
D
Bernard. Passerus Roman. inuentor.
Hieronymus Wierx sculp.

A. Vrgent Principes, vt ducatur IESVS.
B. Fert crucem.
C. Peruenitur ad portam veterem.
D. Vident Iudæi IESVM sub pondere laborare, iubent subsistere.
E. Sequebatur turba, et in hac mulieres Hierosolymitanæ, Maria virgo extra turbam cum suis.

10. イエスの磔

11. イエスの復活

QVÆ GESTA SVNT POST ERECTAM CRVCEM, ANTEQVAM EMITTERET SPIRITVM.
129

Matt. xxvij. Marc. xv. Luc. xxiij. Ioan. xix. cij

A. *Offendebat acerbe titulus crucis Iudæos, & Principes.*

B. *Propterea agunt apud Pilatum, vt titulum mutet: quod negat constanter Pilatus se esse facturum.*

C. *Orat in cruce pendens pro crucifixoribus Christus.*

D. *Quatuor carnifices IESV vestem inter se partiuntur, inconsutilem sortiuntur.*

E. *Ministri iactant blasphemias in IESVM, iactant Principes, iactant milites.*

F. *Conuiciantur illi primum latrones crucifixi.*

F. *In eo alter perseuerat.*

G. *Resipiscit alter, alterum increpat, veniam petit à Christo, & impetrat.*

H. *Perseuerat vniuersalis eclipsis Solis; aucta identidem Christi opprobria, & dolores.*

I. *Appropinquante hora nona, dicit Matri; Ecce filius tuus; Ioanni, Ecce Mater tua.*

K. *Clamat IESVS voce magna, Deus Deus meus vt quid dereliquisti me?*

L. *Dicit; Sitio.*

M. *Offerunt illi ex arundine spongiam aceto plenam: accipit.*

N. *Dicit; Consumatum est.*

O. *Clamans voce magna dicit; Pater in manus tuas &c. Emittit spiritum.*

C.G.I.K.L.N.O. *Significant septem verba Christi, quæ dixit in cruce.*

EMISSIO SPIRITVS. 130

Matth. xxvij. Marc. xv. Luc. xxiij. Ioan. xix. ciij

A. *Excepit clamorem Christi emissio spiritus.*
B. *Tenebræ hactenus perseuerantes à sexta hora, incipiunt euanescere.*
C. *Velum templi ad Sancta sanctorum scissum in duas partes à summo, &c.*
D. *Contremiscit terra.*
E. *Petræ scinduntur, &c.*
F. *Monumenta multa aperiuntur.*
G. *Centurio videns, quod sic clamans expirasset, glorificat Deum.*

H. *Omnis turba videns, quæ fiebant, percutientes pectora sua reuertebantur.*
I. *Capiunt sæuum consilium Iudæi, vt crucifixis crura frangantur.*
K. *Mittunt ad Pilatum qui peterent, vt crucifixi fractis cruribus tollerentur.*
L. *Franguntur alijs crura.*
M. *Vnus militum lancea latus IESV aperuit.*
N. *Stabant longe omnes cognati, & mulieres.*

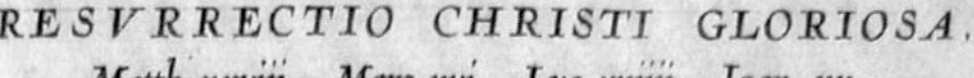
RESVRRECTIO CHRISTI GLORIOSA. 134
Matth. xxviij. Marc. xvi. Luc. xxiiij. Ioan. xx. cviij

A
B
E
F
D
D
A. Adeſt Chriſtus in anima ad ſepulcrum ex limbo cum Angelis, & animabus Patrum, ad finem crepuſculi primæ Sabbati.
B. Vnit animam corpori, & egreditur ſaluo ſepulcro; pronunciat; Vici mundum, conculcaui dæmonem, mortem interemi, viuo in æternum.
C. Sepulcrum obſignatum.
D. Milites duo agunt excubias; alij dormiunt, nemo quicquam omnino ſentit.
E. Ducit Chriſtus captiuum sathanam, mortem, &c.
F. Per totam Iudæam è ſepulchris apertis, ſancti excitantur, quorum animæ interfuerunt Chriſti reſurrectioni, & apparent deinde multis.

12. イエスの昇天

ASCENSIO CHRISTI IN COELVM. 148
Mar. xvi. Luc. xxiiij. Ioan. xxi. Act. i. cxxvi

A. Intelligitur perueniſse ad verticem montis oliueti cum cœlesti cœtu.

B. Hinc, cum omnium in se oculos, animosq; conuersos cerneret, benedicens eis ascendit in cœlum.

C. Splendidissima exceptus nube ab oculis eorum eripitur, pompæ Angelorum et animarum coniungunt sese plurimi Angeli è cœlo, qui iubilo, & voce tubæ venientem excipiunt.

D. Apostolis intuentibus euntem in cœlum.

E. Duo Angeli candida veste insignes prænunciant Christum pari maiestate, et gloria ad iudicium vniuersale esse venturum.

F. Redeunt domum, & sunt assidue in templo, laudantes & benedicentes Deum, quod non potuit exprimere imago.

13. 聖神降臨

A. Hierusalem, & locus in monte Sion, in quo hæc facta sunt mysteria.
B. Cœnaculum in ea domo, vbi instituerat Eucharistiam Dominus. Ibi erant sedentes.
C. Consident omnes ordine.
D. Sedet in medio beatissima Virgo Mater; omnes summa cum expectatione & deuotione.
E. Fit repente de cælo sonus tanquam aduenientis spiritus vehementis, & replet totam domum.
F. Apparent linguæ tanquam ignis, qui sedit super singulos. Et repleti sunt Spiritu sancto.
G. Incipiunt eloqui varijs linguis Dei laudes.
H. Ad hanc vocem conuenit multitudo, mente confunditur, stupent, mirantur, nonnulli tamen irrident.
I. Stans autem Petrus leuat vocem suam; concionatur ad illos diuina eloquentia & efficacia.

14. 聖母被昇天

15. マリアの戴冠

TRANSITVS MATRIS DEI. 150 cl

A. Apostoli, et alij sancti Patres portantur ab Angelis Hierosolymam, vt morti Dei Matris intersint, & assumptioni.
B. Domus in monte Sion, vbi Maria Virgo Mater est mortua.
C. Componit se honestissimè in lectulo, circunstantibus Apostolis & Patribus.
D. Adest è cœlo Christus cum innumerabilibus Angelis.
E. Expirat suauissime sanctissimam animam Mater Dei in manus Filij, excellenti cum Angelorum gaudio, & Patrum deuotione.

SVSCITATVR VIRGO MATER A FILIO. 152 clij

A. Ad finem tridui adeſt Chriſtus cum militia cœleſtis exercitus innumerabili.
B. Clauſo ſepulcro ſuſcitat Matrem, animam eius & corpus maximis donis cumulat.
C. Egreditur illa fulgentiſsima, immortalitatis gloria ornata, ſtellis duodecim coronata, amicta Sole, & ſub pedibus Lunam habens.

D. Excipit eam Chriſtus gratulatione ſumma.
E. Eam adorat, eique obedientiam è veſtigio defert cœleſtis exercitus, Dei Matrem, Reginam ſuam, & orbis profitetur vniuerſi.
F. Ceſſante in terris concentu Angelorum, intelligunt Apoſtoli reſurrexiſſe ſacram Virginem.

A. Assumit in cœlum Matrem Christus. illa dilecto Filio innititur ad dexteram honorificentissime.

B. Circumuolant cœlestes spiritus, psallentes cœleste melos, & gloriam.

C. Collocat tandem Matrem Filius ante Diuinitatem, & ad sanctissimam Trinitatem statuit.

D. Ab ea coronatur ineffabili gloria, donis, dotibus, & priuilegijs ornatur excellentissimis.

E. Aperto sepulcro credunt assumptam Apostoli à Filio, exultant in iubilum, & laudes eius cœlestes.

F. Ad sua quisque loca vnde fuerant deducti Patres, ab Angelis reducuntur.

Regnat Maria Mater Dei cum Filio in omnem æternitatem gloriosissimè.

アレーニ『天主降生言行紀像（天主降生出像経解）』とナダル原画の対照

Ⅰ．“聖若翰先天主而孕”（聖ヨハネの誕生）

DOMINICA X. POST PENTECOST.
De Pharisæo & Publicano. 90
Luc. xviij. Anno xxxiij. cxxxv
C
C
C
A
B
D
E
C
Bern. Pass. Rom. inu.
Anton. Wierx sculp.
A. Christus in templo, in porticu Salomonis docens.
B. Magnifici quidam homines, qui alios aspernabantur præ se, et alia multitudo audiens.
C. Templum cum atrijs.
D. Pharisæus proxime stans ad ianuam atrij Sacerdotum arrogantissime, & stultissime orat.
E. Publicanus longe stans tundit pectus, et oculos non audens tollere in cœlum, humillime orat; Deus propitius, &c. redit domum iustificatus, contra quam Pharisæus.

Ⅱ．“天主降生聖像”（キリスト像）

アレーニ『天主降生言行紀像（天主降生出像経解）』とナダル原画の対照

1. 聖母領上主降孕之報（受胎告知）

ANNVNCIATIO.
Luc. i.
1
cvij
A
B
C
D
E
F
G
H
A. Conuentus Angelorum, vbi declarat Deus Incarnationem Christi, & designatur Gabriel legatus.
B. Veniens Nazareth Gabriel, sibi ex aëre corpus accommodat.
C. Nubes è cælo, vnde radij ad Mariam Virginem pertinent.
D. Cubiculum, quod visitur Laureti in agro Piceno, vbi est Maria.
E. Ingreditur Angelus ad Mariam Virginem; eam salutat; assentitur Maria: fit Deus homo, & ipsa Mater Dei.
F. Creatio hominis, quo die Deus factus est homo.
G. Eadem die Christus moritur, vt homo perditus recreetur.
H. Pie credi potest, Angelum missum in Limbum, ad Christi incarnationem Patribus nunciandam.

2. 聖母往顧依撒伯爾（聖母マリアの聖エリザベト訪問）

IN DIE VISITATIONIS.
Luc. i.
2
cxlix
A
B
C
I
H
F
G
E
D
Bern. Pass. Rom. inuent.
Hieronymus W. fecit.
A. Nazareth, vbi repræsentatur Annunti-atio, post quam Virgo Mater statuit Elisabetham inuisere.
B. Iter habet Maria festinanter cum Ioseph ad montana Iudææ.
C. Domus Zachariæ in tribu Iuda in montibus.
D. Ad quam cum peruenisset Maria festi-nauit ad Elisabeth.
E. Sedula illi Anus occurrit, sed eam tamen prior salutat Maria.
F. Audita Matris Dei salutatione, ecce exultat in vtero Elisabeth Filius, & repletur Spiritu sancto Mater, & prædicat Mariæ diuina encomia.
G. Zacharias & Ioseph laudant Deum.
H. Nascitur Ioannes.
I. Post eius ortum, redit Nazareth Maria Virgo Mater cum Ioseph.

3. 天主耶穌降誕（キリスト降誕）

IN NOCTE NATALIS DOMINI.

Natiuitas Christi. 3

Luc. ij. Anno i. v

A. Bethlehem ciuitas Dauid.
B. Forum vbi soluitur tributum.
C. Spelunca, vbi natus est Christus.
D. IESVS recens natus, ante Præsepe humi in fœno iacens; quem pannis Virgo Mater inuoluit.
E. Angeli adorant Puerum natum.
F. Ad Præsepe bos & asinus nouo lumine commoti.

G. Lux è Christo nato fugat tenebras noctis.
H. Turris Heder, idest gregis.
I. Pastores ad turrim cum gregibus.
K. Angelus apparet Pastoribus, & cum eo Militia cœlestis exercitus.
L. Angelus, qui pie creditur missus in Limbum ad Patres nuncius.
M. Stella & Angelus ad Magos missi, eos primum ad iter impellunt.

遵古禮命名
甲行禮堂所
乙司教者行周割
禮命名耶穌譯
言救世者
丙聖母與若瑟痛
耶穌之傷
丁童子執事
戊天神運星示
三王之路
己耶穌聖名爲天
神所崇奉
庚世人跪奉聖名
辛古聖靈魂在靈
薄及煉罪處俱
仰聖名
壬聖母謹懷
與若瑟同歸
見行紀卷九

4. 遵古禮命名（割礼）

CIRCVNCISIO CHRISTI.
Luc. ij. Anno i.
5
vij
IHS
A
B
C
D
E
F
G
G
H
I
K
A
A
Bern. Pass. Rom. invent.
Hieronymus W. fecit.
A. Synagoga, siue locus, vbi circunciditur IESVS.
B. Sacerdos cum cæremonijs circuncisionis.
C. Virgo Mater dolet de vulnere filij. Dolet Ioseph.
D. Pueri subseruientes.
E. Stella & Angelus viam Magis demonstrant.
F. Nomen IESV: quod adorant.
G. Angeli.
H. Mortales.
I. Animæ Patrum è limbo, & quæ in Purgatorio.
K. Maria sinu fouens filium, redit cum Ioseph.

5. 三王來朝耶穌（三博士の訪問）

ADORATIO MAGORVM.
Matth. ij. Anno i.
7
ix
A. Bethlehem, quo iter habent Magi.
B. Stella os tendit vbi IESVS erat.
C. Magi Bethlehem ingreßi: extra vrbem enim illos opportuit describere, quemad-modum reliqua, vt essent conspicua.
D. Maria sola cum Puero ad os speluncæ.
E. Bos & asinus ad Præsepe.
F. Primus Rex IESVM adorat, & offert tria munera.
G. Alter se comparat ad adorationem, & munera totidem in promptu habet.
H. Tertius sua parans dona venerabundus expectat.
I. Aulici omnes similiter eminus adorant.
K. Magi alia via domum reuertuntur.
L. Christi baptismus ad Bethabaram.
M. Nuptiæ in Cana Galilææ.

6. 聖母獻耶穌于聖殿（清めの式）

PVRIFICATIO.
8
Luc. 2. Anno i.
xx
Bern. Paſſ. Rom. invent.
Hieronymus W. ſculp.
A. Templum cum atrijs.
B. Simeon venit in templum.
C. Anna propheti∫ſa prodit.
D. Ad introitum ſecundi atrij, procedunt obuiam Chriſto, Mariæ, & Ioſeph.
E. Incipit Anna pijs hominibus de Chriſto loqui.
F.G.H. Procedunt verſus ſanctuarium, & atrium Sacerdotum.
I. Perueniunt omnes ad portam atrij primi. Hinc Maria & Ioseph, illinc Sacerdotes et Leuitæ. Fiunt oblationes.
K. Hic rurſus confitetur Domino Anna, & de Chriſto loquitur.
L. Virgo Mater cum Puero, & Ioſeph in Galilæam reuertitur.

7. 耶穌十二齡講道（律法学者のあいだでのイエス論争）

DOMINICA I. POST EPIPHANIAM
Cum doctoribus disputat IESVS.
9
Luc. ij. Anno xij.
x
C
B
E
H
A
D
F
Bern. Pass. Rom. inuent.
Hieronymus Wierx sculp.
A. IESVS eleemosynam petens, & accipiens.
B. Comitatus duo virorum & mulierum Hierosolymis redeuntium.
C. Pagus, quo primo die perueniunt.
D. Ampla exedra, vbi Doctores disputabant.
E. Disserit IESVS cum Doctoribus.
F. Maria & Ioseph reuersi, inueniunt IESVM in medio consessu Doctorum.
G. Venit IESVS ad matrem, relictis Doctoribus.
H. Redeunt Nazareth, et erat subditus illis.

8. 耶穌四旬巌齋退魔誘（イエスの誘惑）

9. 大聖若翰屢證耶穌為天主（ヨハネの説教）

DOMINICA I. QVADRAGESIMÆ.
Tentat Christum dæmon. 12
Matth. iiij. Mar. i. Luc. iiij. Anno xxx. xxv
A. IESV baptizato à Ioanne, & orante, Spiritus Sanctus columbæ specie descendit, & vox Patris auditur.
B. Statim in deserto à spiritu ducitur.
C. Mons desertus ad fines Domim, vbi IESVS ieiunauit.
D. IESVS sedet esuriens, post quadraginta dierum ieiunium.
E. Versatur cum bestijs.
F. Princeps dæmonum adoritur IESVM prima tentatione; Si Filius Dei es, dic, &c.
D. Respondet dæmoni IESVS; Non in solo pane, &c.
G. Spectant Angeli, & dæmones Luciferi & IESV certamen; eiusque exitum vehementer expectant.

EADEM DOMINICA I. QVADRAG.

Angeli minis trant Christo. 14

Eiſdem capp. Anno xxx. xxvij

A. *Solenni pompa ferunt prandium Chriſto Angeli per aera.*	C. *Sedet Chriſtus, prandet; Mini-ſtrant Angeli.*
B. *Mons Nebo, quo feruntur cibi.*	

DOMINICA IIII. ADVENTVS.
Ioannes concionatur.
10
Matth. iij. Marc. i. Luc. iij. Ioan. i. Anno xxix.
iiij
Bern. Pass. Rom. invent.
Hieronymus W. sculp.
A. Tyberius Cæsar.
B. Pontius Pilatus præses Iudææ.
C. Herodes Antipas Tetrarcha Galilææ.
D. Philippus Herodis frater Tetrarcha Ituræę, &c.
E. Lysanias Abilinæ Tetrarcha. Hi suas prouincias repræsentant et potentiam.
F. Duo summi Sacerdotes in templo.
G. Ioannes in deserto, & montanis Iudææ concionatur.
H. Concionatur deinde ad Bethabaram, siue Bethaniam trans Iordanem; & turbas ad bene & pie viuendum instituit.

10. 婚筵示異（カナの婚礼）

DOMINICA II. POST EPIPHAN.
Nuptiæ ad Cana Galilææ. 15
Ioan. ij. Anno xxxi. xi
A. Triclinium ornatum.
B. Mensa virorum, vbi Ioannes sponsus, & IESVS.
C. Mensa mulierum, vbi Sponsa.
D. Pincerna videt nihil esse vini reliquum.
E. Virgo Mater ad aurem significat IESV, defecisse vinum.
F. Famulus excurrit, vt faciat quæ IESVS imperarat.
G. Alij sunt soliciti.
H. Hauriunt aquam, & implent hydrias.
I. Architriclinus miratur vini bonitatem, &c.

11. 淨都城聖殿（イエス、神殿より商人を追い出す）

FERIA II. POST DOMINICAM IIII. QVAD.
Eijcit primo vendentes de templo. 16
Ioan. ij. Anno xxxi. lvij
A. Atrium tertium templi, vbi primo eijcit vendentes sub initia prædicationis: nam iterum post solennitatem palmarum idem fecit.
B. Eijcit IESVS vendentes de templo, terrens flagello, quod in eos intendebat.
C. Permoti Iudæi petunt signum cur hæc faciat.
D. Respondet IESVS, Soluite templum hoc, &c.
E. Templum ædificatur sub Zorobabel & Iosedec, &c. Quia dixerant Iudæi, 46. annis ædificatum est, &c.

西加汲水化衆
甲西加城
乙耶穌行路身憊
憩于近城井傍
丙汲水婦
丁耶穌以乞水之
因乃施大訓于
汲婦
戊宗徒入城取餉
回訝耶穌與婦
講論
己婦人受訓入城
告衆
庚彼部人士出迎
耶穌
辛耶穌進城居留
二日受化者盈
衆
見行紀二卷八

12. 西加汲水化衆（サマリア女）

FERIA VI. POST DOMIN. III. QVADRAG.
De Samaritana. 35
Ioannes iiij. Anno xxxij. li
A
B
D
F
G
Bern. Pass. Rom. inventor.
Hieron. Wierx sculp.
A. Samaria regio, vbi vrbs Samaria, seu Sebaste.
B. Sichem siue Sichar, nec procul hinc puteus Iacob.
C. IESVS fatigatus ex itinere, sedet sic super fontem.
D. Mulier veniens ad hauriendam aquam.
E. Hanc diuine Christus alloquitur.
F. Emunt in foro Sichar cibos Apostoli.
G. Redeunt: mirantur cur IESVS cum muliere loqueretur. Nemo tamen dixit, &c.

13. 救伯鐸羅妻母病瘧（ペテロの義母の癒し）

FERIA V. POST DOMIN. III. QVADRAG.
Sanatur Socrus Petri.
18
l
Matth. viij. Marc. i. Luc. iiij. Anno xxxi.
A. Capharnaum in finibus Zabulon & Nephtalim.
B. Synagoga, vnde ſanato dæmoniaco.
C. Venit IESVS in domum Simonis.
D. Ibi rogatus, Petri ſocrum ſanat febribus laborantem.
E. Surgit Socrus vegeta, & minis trat cœnantibus.
F. IESVS cum diſcipulis accumbit ad menſam.
G. Veſpere facto, oblatos infirmos, & dæmoniacos ſanat.

14. 山中聖訓（イエス、やさしさを説く）

DOMINICA V. POST PENTECOSTEN.
Compescitur iracundia.
19
Matth. v. Anno xxxi.
cxxxij
B
C
D
E
F
A
Bern. Pass. Rom. inuentor.
N. fecit
A. In monte Thabor Christus docet.
B. Mortuus iacet, & ducitur homicida, vt reus iudicio.
C. Non hoc solum, sed qui fratri irascitur, reus esse potest etiam iudicio gehennæ ignis.
D. Qui dicit Racha, contumeliosum verbum, sed anceps, reus similiter esse potest concilio.
E. Qui dicit fatue, nec iudicio, nec concilio sistitur, sed plane gehennæ ignis addicitur.
F. Homo qui relinquit munus ad altare, et vadit primum reconciliari fratri suo.
DOMINICA VI. POST PENTECOSTEN.
Subseruire poterunt huic Euangelio imagines Dominicæ iiij.
Quadragesimæ et earum annotationes. 42. et 43.

15. 納嬰起寡婆之殤子（ナインでの寡婦の息子の蘇生）

FERIA V. POST DOMIN. IIII. QVADRAG.
Ad Naim ſuſcitatur filius Viduæ. 28
Luc. vij. Anno xxxi. lx
A. Capharnaum, vbi fuerat ſeruus Centurionis ſanatus, inde venit IESVS Naim.
B. Naim ciuitas in tribu Iſachar.
C. Pompa funeris, turba flet, & mater miſerabiliter ſe affligit.
D. Videt eam IESVS, conſolatur; Noli flere, tangit loculum, ſtant portitores, adoleſcentem à mortuis excitat.
E. Fit celebre hoc miraculum, vnde Ioannes accipit occaſionem mittendi diſcipulos ad IESVM.

16. 渡海止風（イエス、風を静める）

DOMINICA IIII. POST EPIPHAN.
Sedat procellam maris IESVS. 29
Matth. viij. Marc. iiij. Luc. viij. Anno xxxi. xiiij
A. Capharnaum, vnde IESVS nauim conſcendit.
B. Regio Geraſenorum.
C. Quatuor venti è ſuis ſedibus erumpunt.
D. Mare atroci tempeſtate agitatur.
E. Nauis impletur fluctibus. Periclitantur.
F. IESVS dormit in puppi.
G. Diſcipuli perturbati eum excitant, pe: tunt opem: conſequitur tranquillitas.
H. Aliæ naues idem Paſſæ.

17. 若翰遣徒詢主（ヨハネ、二人の弟子をイエスのもとに送る）

DOMINICA II. ADVENTVS.
Mittit Ioannes duos diſcipulos ad IESVM.
Matth. xi. Luc. vij. Anno xxxi.
32
ij
A. Macheruntis carcer in tribu Ruben, vnde mittit Ioannès diſcipulos.
B. Iordanis, poſt quem Macherus.
C. Duo diſcipuli Ioannis venientes.
D. Naim, vbi ſuſcitatus fuerat filius Viduæ; quæ cauſa fuit, cur Ioannes diſcipulos mitteret.
E. IESVS cum diſcipulis ſuis.
F. Perueniunt diſcipuli Ioannis.
G. Coram eis ſanat IESVS cæcos, claudos, &c.
H. Redeunt ad Ioannem eius quidem diſcipuli, ſed iam magis Chriſti.

18. 赦悔罪婦（マグダラ、イエスの足に塗油する）

FERIA V. POST. DOM. PASSIONIS
Vngit pedes IESV Magdalena
34
Luc. vij. Anno xxxi.
lxix
Bern. Pass. Rom. inuent.
Anton. Wierx sculp.
A. Capharnaum, vbi hæc facta memorantur.
B. Rogat Pharisæus IESVM, vt manducet secum.
C. Accumbit Pharisæus, IESVS, & Apostoli.
D. Magdalena rigat pedes IESV lacrymis, tergit capillis, osculatur, vngit vnguento.
E. Pharisæus hæc videns, indigne fert.
F. Respondet benigne illi IESVS, per parabolam duorum debitorum.
G. Pueri ad mensam consistentes, diligenter ministrant.
H. In circulo parabola expressa cernitur.

播種喻
甲耶穌近葛發翁
城坐舟中設寓
訓衆
乙田父播種
丙種有遺路傍爲
人馬踐踏
丁有墮磽礫者土
薄立槁
戊有落荊棘中者
覆蔽不長
己有得沃壤種一
而穫三十或六
十及一百者
庚耶穌釋其寓言
之意
見行紀

19. 播種喩（種を撒く人の寓話）

DOMINICA SEXAGESIMAE
Parabola Seminantis.
38
Matt. xiij. Marc. iiij. Luc. viij. Anno xxxij.
xvij
A
F
F
F
F
C
E
B
D
C
B. Pass. Rom. inv.
Ant. Wierx sculp.
A. IESVS sedens in naui, ad littus iuxta Capharnaum, docet.
B. Agricola sementem faciens.
C. Cadit semen in viam.
D. Cadit in petrosa.
E. Cadit in spinetum.
F. Cadit in terram bonam, & facit vnum, centesimum fructum, aliud, sexagesimum, &c.
Parabolam explicat Christus.

五餅二魚飼五千人
甲人衆先渡望耶穌恩澤
乙耶穌濟河與宗徒登山誨衆起疾
丙耶穌憐衆乏糧欲飲食之
丁稚子攜大麥餅五魚二耶穌祝福剖而授宗徒
戊五千人列坐宗徒遍給之
巳衆人食飽收餘剩十二筐
庚耶穌謝衆命宗徒先渡
辛耶穌自入深山默月禱功見行紀三卷五

20. 五餅二魚飼五千人（パンの奇跡）

EADEM DOMINICA.
Satiat quinque millia hominum.
Eisdem cap. Anno xxxij.
43
lvi
A
B
C
D
E
Ber. Pass. Rom. invent.
Ant. Wierx sculp.
A. Christus igitur cum panes fre: gisset, & pisces, dat discipulis frangendos, & distribuendos.
B. Distribuunt Apostoli, & disci: puli per omnia contubernia, & saturantur omnes.
C. Ex reliquijs colliguntur duode: cim cophini.
D. Compellit nauigare discipulos in terram Genesar.
E. Secedit in montem orare, di: missis turbis.

21. 耶穌步海（イエス、海上を歩く）

SABBATHO POST CINERES.
Ambulat ſuper mare IESVS. 44
Matth. xiiij. Marc. vi. Ioan. vi. Anno xxxij. xxiiij
Ber. Paſſ. Rom. inuen.
Ant. Wierx ſculpsit
A. Multitudo deliberans de creando Rege IESV.
B. Hoc cum ſciret IESVS, primum præire diſcipulos, & mare tranſmittere iubet.
C. Secedit deinde ſolus in montem, vt oret.
D. Mare Galilææ, ſiue Tiberiadis, ſiue Geneſareth.
E. Nauis in medio mari iactatur fluctibus, laborant remigando diſcipuli.
F. IESVS ambulans ſuper mare, nauim præterire velle ſe ſimulat.
G. Perturbantur diſcipuli, & quaſi ad phan: taſma exclamant.
F. Dicit illis IESVS, Ego ſum; nolite timere.
H. Petrus, concedente IESV, deſilit in mare; titubans incipit mergi; eum IESVS à præſenti periculo eripit.
I. Appellunt in terram Geneſareth.

22. 起三十八年之癱（麻痺患者の癒し）

FERIA VI. POST DOMIN. I. QVADRAG.
Sanatur Languidus.
47
Ioan. v.
Anno xxxij.
xxxij
B
A
A
D
E
Ber. Pass. Rom. inuen.
Ant. Wierx sculpsit.
A. Piscina Bethsaida Hierosolymis, iuxta portam gregis, vbi languidi, & pecora lauabantur.
B. Superne adscribitur Angelus, qui in piscinam descendere solebat.
C. Venit ad piscinam IESVS, dicit languido; Vis sanus fieri?
D. Respondet languidus; Domine, hominem non habeo, &c.
C. Sanat eum IESVS; & præcipit, vt tollat grabatum suum.
E. Tollit grabatum paralyticus, & vadit domum: increpant eum Iudæi.

23. 胎瞽得明證主（先天的盲目者の癒し）

FERIA IIII. POST DOMIN. IIII. QVADRAG.
Sanatur Cæcus natus. 57
Ioan. ix. Anno xxxij. lix
A. Templum, vnde egreſsus fuerat IESVS, & abſconderat ſe, cum eum volebant lapidare Iudæi.
B. Cæcus ſedens, & mendicans non procul à templo.
C. Christum interrogant Apoſtoli, quis peccauit, reſpondet IESVS, & docet eos.
D. Expuit Chriſtus in terram, facit lutum.
E. Inungit oculos cæci; iubet lauari.
F. In natatoria Siloe, iuxta ruinam turris, quæ oppreſsit xviij. homines.
G. Lauit cæcus, redit videns.
H. Varia contentio, primum inter vicinos, hic eſt, non eſt, ſed ſimilis ei &c.
I. Ducitur ad Phariſæos; interrogatur; fit ſchiſma inter eos.
K. Vocantur parentes, qui vix audent dicere.
L. Exiſtit rurſus acrior, inter Phariſæos, & eum, qui cæcus fuerat, contentio.
M. Phariſæi demum hominem execrati, è Synagoga eijciunt.
N. Inuenit itaque eum Chriſtus ac recipit, ſeq; illi Dei Filium eſſe declarat.

24. 底落聖蹟（カナーンの女）

FERIA V. POST DOMIN. I. QVADRAGES.
De Cananæa.
61
Matth. xv. Marc. vij. Anno xxxij.
xxxi
A
B
C
D
E
F
G
A. Regio Tyri, & Sidonis in Phœnice.
B. Domus in pago, vbi voluit latere IESVS.
C. Tyrus non longe.
D. IESVM primum intellige domum ingressum, quem secuta est mulier.
E. Egressum consequitur; clamat; rogant pro ea discipuli. Respondet illi tandem IESVS; O mulier, &c.
F. Domus Cananææ, & in ea liberata filia à dæmonio.
G. Edunt catelli de micis cadentibus de mensa dominorum.

大博山中顯聖容
甲加理勒地大博山
乙耶穌留門徒餘衆在山麓攜伯鐸雅歌若望三徒登山
丙耶穌至山頂其内神光輝發出遍體耀光如日服皓潔如雪梅瑟及厄利亞二聖顯見左右
丁宗徒見耶穌聖容不勝欣慰
戊白雲忽遶護左右隨聞自天寵德助之聲云是乃我愛子爾輩宜聽之
己天神攜梅瑟復至古聖人暫候所
庚厄利亞復詣福地三徒醒而不復見也
見行紀四卷十

25. 大博山中顯聖容（キリストの変容）

SABBATHO POST DOMIN. I. QVADRAGES.
Transfiguratio Christi.
63
Matth. xvij. Marc. ix. Luc. ix. Anno xxxiij.
xxxiij
F
H
G
D
A
E
B
B
C
A. Paneas regio, vnde IESVS in Thabor montem proficiscitur.
B. Relictis alijs discipulis ad radices montis cum turba, Petrum, Iacobum, & Ioannem secum in cacumen aßumpsit.
C. Thabor in campo magno Galilææ Esdrelon.
D. IESVS in planicie montis, cuius redundat gloria animæ in corpus, quæ fuit transfiguratio. Adsunt Moyses, & Elias.
E. Euigilantes quasi è somno discipuli, vident IESVM transfiguratum; & Petrus ait; Bonum est nos hic esse, &c.
F. Adhuc eo loquente, ecce, nubes obumbrauit eos; & fit vox Patris è cœlo, &c.
G. Moyses in limbum.
H. Elias in paradisum terrestrem raptus; cum Apostoli ad vocem cecidissent in terram.
Dominica ij. Quadragesimæ, idem Euangelium legitur.

天賞喻
甲耶穌河外設喻
以論天賞
乙家督晨出募傭
治圃
丙巳時又募
丁午正亦然
戊日昃又募
己日將暮又招傭
其五時之別以
日輪高下于五
圜中繪示
庚葡萄林衆傭各
治圃處
辛比夕家督命掌
役者給值
壬掌役者如命各
均給一錢並指
天賞貴人成終
之意
見五卷二十五

26. 天賞喻（労働の契約）

DOMINICA SEPTVAGESIMAE
De conuentione ex denario diurno.
Matt. xx. Anno xxxiij.
72
xvi
Bern. Paſſ. Rom. inuent.
Ioan. Wierix ſculp.
A. IESVS in itinere, à Galilæa ad fines Iudææ trans Iordanem, docet.
B. Pater familias primo mane conducit operarios.
C. Idem facit hora tertia.
D. Idem ſexta.
E. Idem nona.
F. Tandem circa horam vndecimam idem facit. Deſignantur autem horæ in circulis, per ſolem ſuper horizontem.
G. Vinea, quò mittuntur operarij, & varie occupantur.
H. Dominus vineæ, ſiue Pater familias præſcribens procuratori.
I. Procurator exequitur mandatum, & æqualiter omnibus enumerat: primi conqueruntur, &c.

貧富生時異景
甲耶穌在若而當河表訓諭門第
乙富人日衣華服豐筵長飲為樂
丙酒中奏樂
丁邪魔敝誘其室
戊貧而善者辣雜琭仆乞富人之門犬舐其瘡而無人憐之

27. 貧富生時異景（富者）

FERIA V. POST DOMIN. II. QVADRAGES.
De Diuite Epulone.
73
Luc. xvi.
Anno xxxiij.
xxxvii
A
B
D
E
A. IESVS in finibus Iudææ trans Iordanem, vbi hæc docuit.
B. Epulonis conuiuium ſplendidum; ipse indutus purpura, & byſſo, &c.
C. Symphoniaci psallunt ad epulas.
D. Dæmones auctores tantæ nequitiæ obsident cœnationem & domum.
E. Lazarum ad ianuam Diuitis iacentem, vlceribus plenum, nemo reficit, ne micis quidem, &c.

28. 貧善富惡死後殊報（ラザロと富者の死）

EADEM FERIA.
De morte Epulonis & Lazari.
74
Eodem cap. Anno xxxiij.
xxxviii
A
B
C
C
D
D
E
Bern. Pass. Rom. invent.
Ioan. Wierx sculp.
A. Epulo cum morte luctatur; abripitur à diabolis eius anima; sepelitur in inferno.
B. Misere se affligit vxor, et tota familia.
C. Diripitur à furibus domus.
D. Effodiunt sepulcrum Epuloni in terra homines, vt in inferno dæmones.
E. Contra; Lazarum morientem excipit lux, & Angeli portandum in limbum Patrum.

29. 伯大尼亞邑起死者於墓（ラザロの蘇生）

30. 異學妒謀耶穌（イエスに対する謀議）

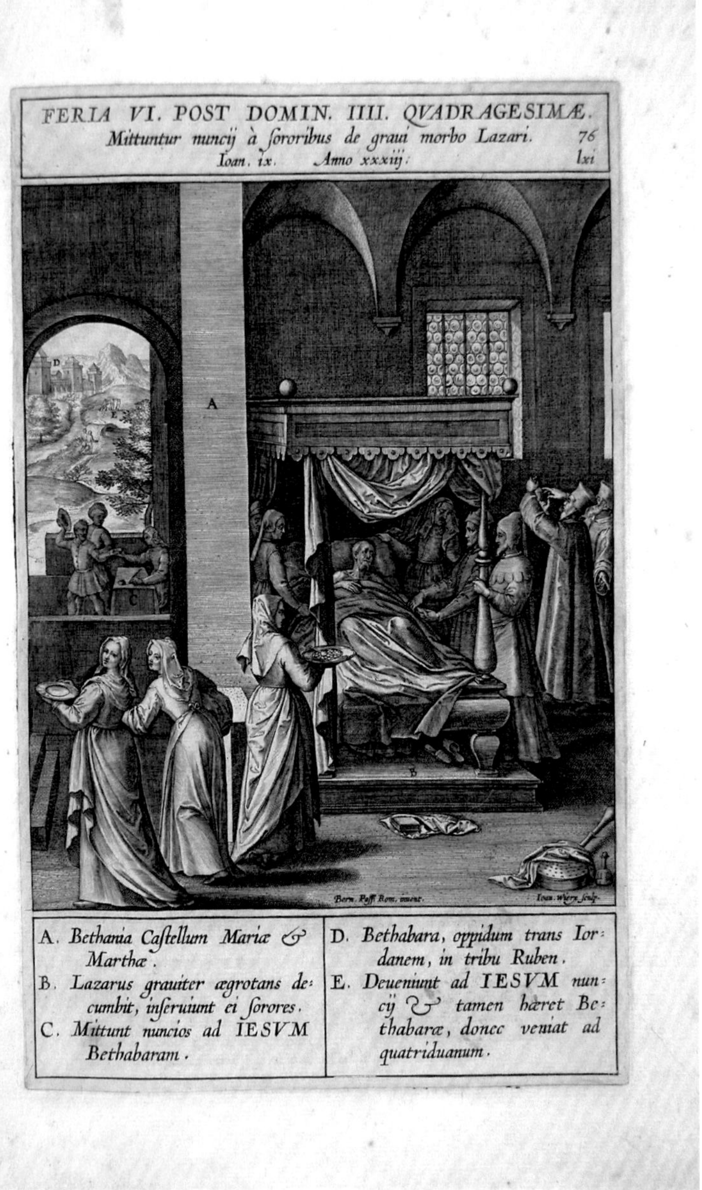
FERIA VI. POST DOMIN. IIII. QVADRAGESIMÆ.
Mittuntur nuncij à ſororibus de graui morbo Lazari. 76
Ioan. ix. Anno xxxiij. lxi
A
B
C
D
Bern. Paſſi Rom. inuent.
Ioan. Wierx sculp.
A. Bethania Caſtellum Mariæ & Marthæ.
B. Lazarus grauiter ægrotans decumbit, inſeruiunt ei ſorores.
C. Mittunt nuncios ad IESVM Bethabaram.
D. Bethabara, oppidum trans Iordanem, in tribu Ruben.
E. Deueniunt ad IESVM nuncij & tamen hæret Bethabaræ, donec veniat ad quatriduanum.

A. *Venit IESVS à Bethabara Bethaniam.*
B. *Nunciant Marthæ nuncij venisse IESVM.*
C. *Occurrit Martha IESV, vbi substiterat iuxta sepulchrum Lazari, nec procidit ad pedes sedula & actuosa virgo; fratrem vix credit ad vitam posse reuocari.*
D. *Abit, vocat Mariam ad IESVM.*
E. *Hæc procidit ad pedes IESV, plorat; collacrymantur Iudæi.*
F. *Infremit IESVS, turbat se, lacrymatur; quærit, vbi eum posuerint.*
G. *Sepulchrum Lazari.*

EADEM FERIA VI.

Suſcitat Lazarum IESVS. 78

Eodem cap. Anno xxxiij. lxiij

A. *Dixerat Martha et alij IESV; Veni & vide.*
B. *Venit IESVS ad ſepulcrum, iubet tolli lapidem.*
C. *Tollunt Apoſtoli.*
B. *Orat Chriſtus ſublatis oculis in cœlum; deinde clamat voce magna; Lazare, veni foras.*
D. *Prodit Lazarus ligatus, vt erat; quem IESVS iubet ſolui & abire.*
E. *Soluunt Apoſtoli, abire ſinunt.*
F. *Stupent omnes. Multi ex Iudæis credunt in IESVM.*
G. *Venit IESVS, & Lazarus cum ſuis domum, inde in Ephrem ſecedit.*
H. *Aliqui Iudæi veniunt ad Phariſæos, & nunciant, quæ fecerat IESVS.*

FERIA VI. POST DOMIN. PASSIONIS.
Concilium de nece IESV. 79
Ioan. xi. Anno xxxiij. lxx
C
F
A
B
E
D
Bern. Pass. Rom. inuen.
Anton. Wierx sculp.
A. Bethania, et Lazari ſuſcitatio, vnde occaſio: nem ſumpſerunt Iudæi contra IESVM.
B. Concurſus omnium ad IESVM, qui ne fieret pertimeſcebant Iudæi.
C. Exercitus Romanorum, quos formidabant, ne gentem Iudæorum delerent.
D. Cathedra et conſeſſus nefarius Principum & Phariſæorum.
E. In cathedra Caiphas ſceleratus Pontifex vaticinatur IESVM occidendum &c.
F. Secedit aliquot dies IESVS Ephrem, vt tempore â Patre conſtituto patiatur.

31. 預告宗徒受難諸端（受難の予言）

DOMINICA QVINQVAGESIMAE.
Prænunciat IESVS suam crucem Apostolis. 80
Matt. xx. Marc. x. Luc. xviij. Anno xxxiij. xviij
A. Ephrem vrbs, quo secesserat Christus, post suscitatum Lazarum.
B. Hierosolyma, vbi habetur concilium apud Capham, de nece Christi IESV.
C. Christus Iericuntum, et Hierosolymam ascendens, mira alacritate discipulos præit.
D. Conuersus secreto eis suam ipsius mortem prænunciat.
E. A Iuda proditur, traditur gentibus.
F. Mortis damnatur à Principibus, &c.
G. Traditur Pilato præsidi.
H. Flagellatur.
I. Coronatur spinis, quod intelligitur, verbo illuditur.
K. Conspuitur; arundine, colaphis, alapis verberatur.
L. Crucifigitur.
M. Gloriosè resurgit à mortuis.

葉禮閣開二矇
甲葉禮閣城
乙道傍瞽者乞食
聞耶穌過即號
求救
丙爲耶穌前驅者
禁止其頻呼
丁耶穌憐之命引
之前而賜以明
戊前後追隨耶穌
者大讚其全能
己耶穌過葉禮閣
城再開二矇可
以此圖想像
見行紀六卷七

32. 葉禮閣開三矇（エリコの盲目者たちの癒し）

EADEM DOMINICA QVINQVAGESIMAE.

Sanatur vnus cæcus ante Iericho, & duo post Iericho. 83

Lucæ xviij. *Anno xxxiij.* xix

A. *Iericho vrbs palmarum.*
B. *Turba præcedens* IESVM.
C. *Turba sequens.*
D. *Cæcus iuxta viam sedens, à præcedentibus vt taceat increpatur.*
E. IESVS *ad miserabilem clamorem cæci subsistit.*
F. *Adducitur cæcus iussu Christi, & ab eodem sanatur.*
G. *Deum plebs vniuersa collaudat.*

Sanationi duorum cæcorum post Iericho subseruire possunt hæ annotatiunculæ, vt imago.

33. 入都城發嘆（荘厳なるエルサレム入城）

EADEM DOMINICA.
Ingreſsus ſolennis in ciuitatem.
87
Matth. xxi. Marc. xi. Luc. xix. Ioan. xij. Anno xxxiij. lxxiiij
A. Bethania, vbi Lazarus ſuſcitatus.
B. Mons oliuarum.
C. Hortus Gethſemani.
D. Torrens Cedron.
E. IESVS eques pullo aſinæ vectus.
F. Eius celebritas itineris.
G. Hieroſolyma commota.
H. Templum, quò venit IESVS. vbi ſanat cæcos & claudos.
I. Virgo Mater cum mulieribus.

34. 以宴論天國諭異端昧主（王子の婚礼の寓話）

A. Templum & porticus Salomonis, vbi docebat IESVS.
B. Regia, vbi sedet in throno suo Rex, assidet Filius, et eius Sponsa, regio omnes cultu & nuptiali.
C. Serui vocaturi ad nuptias inuitatos, à Rege mittuntur.
D. Vocantur, qui suas occupationes externas excusant, alij villam, alij negotiationem, &c.
E. Reliqui seruos tenent, & contumelijs affectos occidunt.
F. Rex his auditis, missis exercitibus suis, homicidas perdit, et ciuitatem eorum incendit. Hactenus significantur Iudæi vocati.
G. Mittuntur serui ad vocandos Gentiles.
H. Ex his implentur nuptiæ; fit consessus, et triclinium preciosissime ornatur, accedentibus tandem ad Gentes Iudæis.
I. Deprehenditur vnus inter omnes, qui nuptiali veste non esset indutus.
K. Hunc iubet Rex ligatis manibus & pedibus, mitti in tenebras exteriores.

濯足垂訓
甲耶穌與宗徒晚餐告別
乙耶穌微露惡徒叛意
丙茹荅斯怵心曰是我乎耶穌微醒之曰爾自云矣
丁耶穌離席脫表衣以布繫腰欲為宗徒洗足以示相遜相愛之表
戊伯鐸羅惶悚固辭復恐見棄乃全聽命宗徒亦皆不勝感愧
見行紀七卷二

35. 濯足垂訓（洗足）

COENA COMMVNIS, ET LAVATIO PEDVM. 101
Iisdem capitibus. lxxvij
A
F
D
E
A. Cœnant communem cœnam.
B. Dicit IESVS (obscure indicans proditorem) Qui intingit mecum manum in paropside, &c.
C. Præfractior factus Iudas respondet; Nunquid ego sum?
B. Respondet IESVS submisse; Tu dixisti.
D. Procumbit IESVS ad lauandos pedes discipulorum.
E. Petrus repugnat primo lauationi, deinde profuse obedit.
F. Surgit Christus, resumit vestimenta sua.

36. 世界終盡降臨審判生死（最後の審判）

FERIA II. POST DOMIN. I. QVADRAG.
Iudicium vniuersale.
99
Matth. xxv.
Anno xxxiij.
xxviij
A. IESVS in throno gloriæ ſedens, iudicium exercet.
B. Cœli, Planetæ, & Stellæ longe illuſtriores, quâm antea.
C. Circumſtant IESVM omnes Angelorum ordines.
D. Aſsidet Filio Virgo Mater, & ſuo gradu electi omnes.
E. Elementa noua; puriſsimum, & liquidiſsimum Ignis elementum,
F. Aeris, lucidum, amœnum, pacatiſsimum, nulla regionum diuerſitate.
G. Aquæ, purgatiſſimum, clarum tranquillum.
H. Terræ, purum, ac ſimplex, omnibus tum naturæ, tum artis operibus liberum.
I. Miniſterio Angelorum, et imperio Chriſti, boni à malis ſeparantur.
K. Boni audiunt à Chriſto Venite benedicti &c. Mali; Ite maledicti.
L. Inferni horrendum os apertum damnatos cum diabolis deuorat.
M. Peracto iudicio, Chriſtus intelligitur aſcendere in empyreum Cœlum cum Angelis, & ſanctis omnibus, regnaturus in æternum.

37. 立聖體大禮（聖体の創設）

SANCTISSIMI SACRAMENTI, ET SACRIFICII INSTITVTIO.
102
Matth. xxvi. Marc. xiiij. Luc. xxij. p Cor. x. xi. Anno xxxiij. lxxviij.
A
B
A. IESVS iterum accumbit. Absoluunt cœnam Apostoli; nihil cibi ipse amplius sumit.
B. Conficit IESVS sacratissimum Sacrificium et Sacramentum & discipulis communicat.

園中祈禱汗血
辛
庚
甲近城則
乙溪外色瑪尼
園吾主常爲
世人祈禱之
所
丙園中圓洞耶
穌留八宗徒
處
丁又一洞三徒
至止之所
戊耶穌少離三
徒而近切祈
禱汗血流地
巳天神自天而
降恭慰耶穌
庚耶穌三次旋
顧勸勉三徒
辛茹答斯率衆
惡黨
見行紀十

38. 園中祈禱汗血（庭での祈り）

ORAT CHRISTVS IN HORTO.
107
Matth. xxvi. Marc. xiiij. Luc. xxij. Ioan. xviij.
lxxx
A
B
C
D
E
F
G
H
Bern. Pass. Rom. invent.
Hieron. Wierx sculp.
A. Torrens Cedron.
B. Hortus Gethsemani.
C. Rupes concaua; qui est primus locus; vbi octo discipuli substiterunt.
D. Secundus locus superius ad dextram: vbi tres reliqui.
E. Specus ad Iactum lapidis à tribus discipulis distans: vbi orauit IESVS.
F. Apparet illi Angelus è cœlo confortans eum.
G. Locus quo semel & iterum venit IESVS ad tres discipulos.
H. Iudas cum cohorte properat ad hortum.

39. 耶穌一言仆眾（イエスの逮捕）

DE IVDAE PRODITIONE.
Veniunt ad hortum armati. 108
Iisdem capitibus. lxxxi
A
C
B
C
A. Accedit ad IESVM Iudas, osculatur eum; respondet ei benigne IESVS. Nihil milites mouere audent. Redit ille ad cohortem.
B. Procedens IESVS interrogat; Quem quæritis?
C. Solo verbo Iudam, militesque resupinos prosternit omnes.

繫鞭苦辱
甲
乙
丙
丁
戊
甲比辣多既命
笞耶穌姑息
衆憤自於署
中高臺遥望
之
乙耶穌被縛石
柱爲我等罪
人受重撻
流血被地
丙如德亞及羅
瑪二國羣衆
聚觀
丁隷卒承命息
笞
戊聖母望見耶
穌哀痛之極
見行紀七卷十五

40. 繫鞭苦辱（笞打ち）

FLAGELLATVR CHRISTVS. 121
Matt. xxvij. Mar. xv. Ioan. xix. xciiij
B. Pass. Rom. inu. Hier. Wierx sculp.
A. Prætorium, & propylæum; vnde prospectat Pilatus flagellationem.
B. Columna ad quam ligatur IESVS.
C. Stipes, vbi capite plectebantur damnati.
D. Multitudo Iudæorum, & Romanorum.
E. Durissime verberatur IESVS.
F. Desinunt IESVM cædere lictores iussu Pilati.
G. Virgo Mater audit strepitum flagellationis. Vide quam acerbe eius anima, & cor flagellatur.

41. 負十字架登山（イエス、十字架の重みに倒れる）

QVÆ GESTA SVNT POSTEA ANTE CRVCIFIXIONEM.
Matt.xxvij. Marc.xv. Luc.xxiij.
126
xcix
B.Pass.Rom.inu.

A. Exeuntibus illis cum afflicto IESV, occurrit Simon Cyrenensis.
B. Hunc angariant, vt tollat crucem IESV.
A. Respirat paululum IESVS.
C. Sequebantur mulieres Hierosolymitanæ plorantes.
D. Ex his vna tergit linteo vultum IESV, & refert in linteo eius effigiem.
A. Eiulantibus mulieribus, ad eas conuersus IESVS dixit; Nolite flere, &c.

被加莿冠苦辱
丙耶穌被惡黨褫衣而強加王服侮之
丁惡黨織棘爲冠強加耶穌首
戊復重擊之辱侮百端
己聖母堂外備聞諸狀不勝痛苦
見行紀七卷十六

42. 被加莿冠苦辱（荊の戴冠）

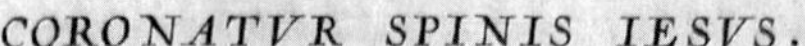

CORONATVR SPINIS IESVS. 122
Matt. xxvij. Mar. xv. Ioan. xix. xcv

A. IESVS ab atrio in aulam Prætorij crudeliſsime cæſus trahitur.	D. Sedere iubetur in ſcamno; Capiti corona è ſpinis imponitur; arundo pro ſceptro datur.
B. Receſſerat Pilatus in cubiculum, & quid vellet fieri, ſignificauerat.	E. Acerbiſsimè cædunt, illudunt, feriunt arundine; conſalutant Regem Iudæorum.
C. IESVS veſte pariter ac pelle atrociſsimè exutus, purpurea clamide per ludibrium induitur.	F. Virgo Mater foris cum ſuis omnia ex internuncijs cognoſcit.

43. 耶穌被釘靈蹟疊現（イエスの磔）

EMISSIO SPIRITVS.
130
Matth. xxvij. Marc. xv. Luc. xxiij. Ioan. xix.
ciij
I.N.R.I.
A. Excepit clamorem Chriſti emiſſio ſpiritus.
B. Tenebræ hactenus perſeuerantes à ſexta hora, incipiunt euaneſcere.
C. Velum templi ad Sancta ſanctorum ſciſſum in duas partes à ſummo, &c.
D. Contremiſcit terra.
E. Petræ ſcinduntur, &c.
F. Monumenta multa aperiuntur.
G. Centurio videns, quod ſic clamans expiraſſet, glorificat Deum.
H. Omnis turba videns, quæ fiebant, percutientes pectora ſua reuertebantur.
I. Capiunt ſæuum conſilium Iudæi, vt crucifixis crura frangantur.
K. Mittunt ad Pilatum qui peterent, vt crucifixi fractis cruribus tollerentur.
L. Franguntur alijs crura.
M. Vnus militum lancea latus IESV aperuit.
N. Stabant longe omnes cognati, & mulieres.

甲耶穌聖魂偕諸
古聖自靈傅所
復入墓中而聖
軀復活
乙聖墓仍封耶穌
聖體光明輕快
清晨透墓而出
千萬神聖擁護
左右
丙兵卒二人輪守
墓其餘假寐莫
知耶穌復活
丁時古塚頓啟前
聖復活現於衆
人爲耶穌証者
見行紀八卷一

44. 耶穌復活（イエスの復活）

RESVRRECTIO CHRISTI GLORIOSA. 134
Matth. xxviij. Marc. xvi. Luc. xxiiij. Ioan. xx. cviij
A
B
F
E
D
D
A. Adeſt Chriſtus in anima ad ſepulcrum ex limbo cum Angelis, & animabus Patrum, ad finem crepuſculi primæ Sabbati.
B. Vnit animam corpori, & egreditur ſaluo ſepulcro; pronunciat; Vici mundum, conculcaui dæmonem, mortem interemi, viuo in æternum.
C. Sepulcrum obſignatum.
D. Milites duo agunt excubias; alij dormiunt, nemo quicquam omnino ſentit.
E. Ducit Chriſtus captiuum sathanam, mortem, &c.
F. Per totam Iudæam è ſepulchris apertis, ſancti excitantur, quorum animæ interfuerunt Chriſti reſurrectioni, & apparent deinde multis.

耶穌將昇天施命
甲
甲耶穌將昇天顯身都
城西完山中與宗徒
同席
乙坐間責其門徒向有
不信者乃命敷教四
方
丙耶穌命徒凡世人有
篤信者宜授以聖洗
復預示信德之明驗
丁篤信者能驅魔
戊能言萬國方語
巳毒蛇不為害
庚飲毒不為患
辛撫病者而病者愈
壬門徒許視耶穌戒其
輕試之心
癸耶穌受諸天神及諸
聖魂擁護乃率門徒
詣郊外昇天之所
見行記八卷三之十

45. 耶穌將昇天施命（昇天まで）

ASCENSIONEM CHRISTI PRAECEDENTIA PROXIME.
Marc. vlti. Luc. xxiiij. Actor. i.
147
cxxv
A. Vltima apparitio Christi in Cœnaculo montis Sion, vel vltimæ principium.
B. Christus discumbit cum Apostolis.
C. Exprobrat incredulitatem præteritam aliquorum; edicit ipsis, vt eant in mundum vniuersum, &c.
D. Circulis porro designantur, quæ continet Euangelium; & primum quidem docentur fidem, & baptizantur credentes.
E. Dæmonia eijciunt.
F. Loquuntur linguis.
G. Serpentes tollunt, vt Paulus, qui viperam excutit.
H. Si mortiferum quid bibunt, non eis nocet, vt Ioanni.
I. Super ægros manus imponunt et eos sanat.
K. Spectant ad curiositatem Apostoli, à qua deterret eos Christus.
L. Educit eos in montem Bethaniam versus, ducens secum pompam angelorum & animarum.

46. 耶穌昇天（イエスの昇天）

ASCENSIO CHRISTI IN COELVM. 148
Mar. xvi. Luc. xxiiij. Ioan. xxi. Act. i. cxxvi
C
C
C B
F
A
D
D
A. Intelligitur peruenisse ad verticem montis olíueti cum cœlesti cœtu.
B. Hinc, cum omnium in se oculos, animosq; conuersos cerneret, benedicens eis ascendit in cœlum.
C. Splendidissima exceptus nube ab oculis eorum eripitur, pompæ Angelorum et animarum coniungunt sese plurimi Angeli è cœlo, qui iubilo, & voce tubæ venientem excipiunt.
D. Apostolis intuentibus euntem in cœlum.
E. Duo Angeli candida veste insignes prænunciant Christum pari maiestate, et gloria ad iudicium vniuersale esse venturum.
F. Redeunt domum, & sunt assidue in templo, laudantes & benedicentes Deum, quod non potuit exprimere imago.

47. 聖神降臨（ペンテコステ）

SACRA DIES PENTECOSTES.
149
Act. ij.
cxxvij
A
A
E
G
I H
D
B
B.P.Rom. inuen.
A. Hierusalem, & locus in monte Sion, in quo hæc facta sunt mysteria.
B. Cænaculum in ea domo, vbi instituerat Eucharistiam Dominus. Ibi erant sedentes.
C. Consident omnes ordine.
D. Sedet in medio beatissima Virgo Mater; omnes summa cum expectatione & deuotione.
E. Fit repente de cœlo sonus tanquam aduenientis spiritus vehementis, & replet totam domum.
F. Apparent linguæ tanquam ignis, qui sedit super singulos. Et repleti sunt Spiritu sancto.
G. Incipiunt eloqui varijs linguis Dei laudes.
H. Ad hanc vocem conuenit multitudo, mente confunditur, stupent, mirantur, nonnulli tamen irrident.
I. Stans autem Petrus leuat vocem suam; concionatur ad illos diuina eloquentia & efficacia.

48. 聖母卒葬三日復活昇天（埋葬と聖母被昇天）

49. 聖母端冕居諸神聖之上（マリアの戴冠）

VIRGINIS MATRIS SEPVLTVRA.
151
cli
C
D
B
B
A. Paratur funus perquam honorificè.
B. Portant feretrum Petrus & Iacobus, et primi quique Apoſtolorum verſus torrentem Cedron.
C. Superne proſequitur funus Angelorum multitudo.
D. Perueniunt iuxta hortum Gethſemani, vbi erat paratum ſepulcrum nouum, felix tanta hoſpita futurum. Ibi eam ſepeliunt cum ſummis laudibus.

SVSCITATVR VIRGO MATER A FILIO. 152
cliij

A. *Ad finem tridui adest Christus cum militia cœlestis exercitus innumerabili.*

B. *Clauso sepulcro suscitat Matrem, animam eius & corpus maximis donis cumulat.*

C. *Egreditur illa fulgentissima, immortalitatis gloria ornata, stellis duodecim coronata, amicta Sole, & sub pedibus Lunam habens.*

D. *Excipit eam Christus gratulatione summa.*

E. *Eam adorat, eique obedientiam è vestigio defert cœlestis exercitus, Dei Matrem, Reginam suam, & orbis profitetur vniuersi.*

F. *Cessante in terris concentu Angelorum, intelligunt Apostoli resurrexisse sacram Virginem.*

ASSVMITVR MARIA IN COELVM, CORONATVR À SANCTISS. TRINITATE.
153
cliij
D
C
B
B
A
E
F
F
Bern. Pass. Rom. inv.
Hieronymus W. sculp.
A. Assumit in cœlum Matrem Christus. illa dilecto Filio innititur ad dexteram honorificentissime.
B. Circumuolant cœlestes spiritus, psallentes cœleste melos, & gloriam.
C. Collocat tandem Matrem Filius ante Diuinitatem, & ad sanctissimam Trinitatem statuit.
D. Ab ea coronatur ineffabili gloria, donis, dotibus, & priuilegijs ornatur excellentissimis.
E. Aperto sepulcro credunt assumptam Apostoli à Filio, exultant in iubilum, & laudes eius cœlestes.
F. Ad sua quisque loca vnde fuerant deducti Patres, ab Angelis reducuntur.
Regnat Maria Mater Dei cum Filio in omnem æternitatem gloriosissimè.

著者紹介

内田 慶市（ウチダ　ケイイチ）
関西大学外国語学部・大学院東アジア文化研究科教授

内島 美奈子（ウチジマ　ミナコ）
大浦天主堂キリシタン博物館研究課長・学芸員

白石 恵理（シライシ　エリ）
国際日本文化研究センター助教

郭 南 燕（カク　ナンエン）
東京大学特任教授

董 麗 慧（トウ　レイエ）
北京大学芸術学院助理教授・研究員

李 雪 濤（リ　セツトウ）
北京外国語大学歴史学院・全球史研究院教授

陸 遥（リク　ヨウ）
中国青年出版社芸術センター

文化の翻訳としての聖像画の変容

ヨーロッパ－中国－長崎

2021年２月28日　発行

編著者　内田 慶市

発行者　関西大学東西学術研究所
〒564-8680　大阪府吹田市山手町3-3-35

発行所　株式会社 遊 文 舎
〒532-0012　大阪市淀川区木川東4-17-31

ISBN 978-4-910433-20-2 C3016